应用型本科财务管理、会计学专业精品系列规划教材

财务管理实训

主　编　彭亚黎

副主编　凌邦如　刘永久　林黛西

北京理工大学出版社
BEIJING INSTITUTE OF TECHNOLOGY PRESS

内容简介

本书是财经类专业课程《财务管理》的配套辅助教材。全书分为上、下两篇，共十一章。上篇为财务管理基本认知，下篇为财务管理实务。本书内容包括财务管理总论、财务管理观念、财务预测、筹资管理、营运资金管理、项目投资决策、证券投资管理、财务预算、财务控制、收益分配管理、财务分析等。

本书可作为财务管理、会计学专业课教材，也可作为相关专业从业者的参考资料。

图书在版编目（CIP）数据

财务管理实训/彭亚黎主编 . —北京：北京理工大学出版社，2017. 8
ISBN 978 -7 -5682 -4852 -5

Ⅰ. ①财… Ⅱ. ①彭… Ⅲ. ①财务管理 - 高等学校 - 教材 Ⅳ. ①F275

中国版本图书馆 CIP 数据核字（2017）第 226552 号

出版发行 / 北京理工大学出版社有限责任公司
社　　址 / 北京市海淀区中关村南大街 5 号
邮　　编 / 100081
电　　话 / (010) 68914775（总编室）
(010) 82562903（教材售后服务热线）
(010) 68948351（其他图书服务热线）
网　　址 / http://www.bitpress.com.cn
经　　销 / 全国各地新华书店
印　　刷 / 北京紫瑞利印刷有限公司
开　　本 / 787 毫米 ×1092 毫米　1/16
印　　张 / 11.5
字　　数 / 287 千字
版　　次 / 2017 年 8 月第 1 版　2017 年 8 月第 1 次印刷
定　　价 / 33.80 元

责任编辑 / 陆世立
文案编辑 / 赵　轩
责任校对 / 周瑞红
责任印制 / 施胜娟

前言

《财务管理实训》是彭亚黎主编的《财务管理》的配套辅助教材。财务管理课程是管理类、经济类学科专业的重要课程，是财务管理、财务会计、审计等专业的主干核心课程，是财经类投资理财、金融、税收、资产评估、市场营销等专业的重要基础课。

实训教材重点对企业生产经营活动中客观存在的资金运动及其所体现的经济利益关系，即资本运作各环节（如资金的筹集、投放、使用、收回及分配、财务评价的相关学习内容）进行配套训练。本书注重实践能力培养，推动学生学习过程的实践性、开放性和职业性，学生通过训练掌握财务管理岗位的主要工作内容、环节和重点方法，从而能够对企业个案相关财务问题进行分析、解决。

本书具有以下特点：

(1) 服务于工学结合的人才培养模式。本书编者均为教学和科研第一线的“双师型”骨干教师，具有丰富的教学和实践经验。本书注重实践能力培养，推动教学过程的实践性、开放性和职业性。

(2) 新体例、新内容。采用职业含义更加丰富的学习情景式教学单元，体现教育职业化、实践化特点，并将《企业会计准则》《企业财务通则》《企业内部控制基本规范》等规章制度精神贯穿全书，使知识间相互链接，易懂、有趣味。

(3) 配套立体化教学资源。为便利教学，提供习题及答案、实训等。

本书各章节分别设计了以下内容：专业能力目标、社会能力目标、相关知识、职业判断能力训练、职业能力基础训练、职业能力拓展训练和各部分参考答案。

本书由彭亚黎任主编，由凌邦如、刘永久、林黛西任副主编，由彭亚黎总体设计教材体系和体例、编写大纲、主审、总纂。具体编写人员及分工如下：彭亚黎编写第六章、第九章，彭亚黎、林黛西编写第五章、第七章，刘永久编写第一章、第三章、第八章、第十章，凌邦如编写第二章、第四章、第十一章。

本书在编写过程中参考、借鉴了有关专家的文献书籍，在此表示衷心的感谢！由于编者水平有限，加之时间紧迫，书中不足之处敬请批评指正。

编　者

目　录

上篇　财务管理基本认知

第一章　财务管理总论 …………………………………………（2）

第一节　相关知识 …………………………………………（2）
第二节　职业判断能力训练 …………………………………………（6）
第三节　参考答案 …………………………………………（10）

第二章　财务管理观念 …………………………………………（15）

第一节　相关知识 …………………………………………（15）
第二节　职业判断能力训练 …………………………………………（23）
第三节　职业能力基础训练 …………………………………………（26）
第四节　职业能力拓展训练 …………………………………………（27）
第五节　参考答案 …………………………………………（29）

下篇　财务管理实务

第三章　财务预测 …………………………………………（34）

第一节　相关知识 …………………………………………（34）
第二节　职业判断能力训练 …………………………………………（39）
第三节　职业能力基础训练 …………………………………………（41）
第四节　职业能力拓展训练 …………………………………………（42）
第五节　参考答案 …………………………………………（44）

第四章　筹资管理 …… (52)
第一节　相关知识 …… (52)
第二节　职业判断能力训练 …… (63)
第三节　职业能力基础训练 …… (67)
第四节　职业能力拓展训练 …… (68)
第五节　参考答案 …… (71)
第五章　营运资金管理 …… (77)
第一节　相关知识 …… (77)
第二节　职业判断能力训练 …… (81)
第三节　职业能力基础训练 …… (84)
第四节　职业能力拓展训练 …… (85)
第五节　参考答案 …… (85)
第六章　项目投资决策 …… (88)
第一节　相关知识 …… (88)
第二节　职业判断能力训练 …… (91)
第三节　职业能力基础训练 …… (94)
第四节　职业能力拓展训练 …… (96)
第五节　参考答案 …… (98)
第七章　证券投资管理 …… (104)
第一节　相关知识 …… (104)
第二节　职业判断能力训练 …… (106)
第三节　职业能力基础训练 …… (108)
第四节　职业能力拓展训练 …… (109)
第五节　参考答案 …… (110)
第八章　财务预算 …… (114)
第一节　相关知识 …… (114)
第二节　职业判断能力训练 …… (118)
第三节　职业能力基础训练 …… (121)
第四节　职业能力拓展训练 …… (123)
第五节　参考答案 …… (127)
第九章　财务控制 …… (132)
第一节　相关知识 …… (132)

第二节 职业判断能力训练 …………………………………………………………… (133)
第三节 职业能力基础训练 …………………………………………………………… (135)
第四节 职业能力拓展训练 …………………………………………………………… (136)
第五节 参考答案 ……………………………………………………………………… (136)

第十章 收益分配管理 ……………………………………………………………… (139)

第一节 相关知识 ……………………………………………………………………… (139)
第二节 职业判断能力训练 …………………………………………………………… (144)
第三节 职业能力基础训练 …………………………………………………………… (148)
第四节 职业能力拓展训练 …………………………………………………………… (149)
第五节 参考答案 ……………………………………………………………………… (150)

第十一章 财务分析 ………………………………………………………………… (156)

第一节 相关知识 ……………………………………………………………………… (156)
第二节 职业判断能力训练 …………………………………………………………… (164)
第三节 职业能力基础训练 …………………………………………………………… (168)
第四节 职业能力拓展训练 …………………………………………………………… (168)
第五节 参考答案 ……………………………………………………………………… (171)

参考文献 ……………………………………………………………………………… (176)

上 篇

财务管理基本认知

第一章

财务管理总论

★专业能力目标

- 了解财务管理法规制度；
- 理解财务管理的概念、对象、目标、环境等；
- 掌握企业财务管理的基本框架；
- 掌握财务管理的主要内容和环节。

★社会能力目标

- 能根据学习需要查阅有关资料；
- 能够结合企业个案，科学确定并分析评价其财务目标；
- 能够结合具体企业，正确分析企业存在的财务关系；
- 能够结合企业个案，正确分析企业的财务环境，为科学决策提供依据。

第一节　相关知识

一、财务管理的相关概念

企业的财务活动是指企业资金的筹集、投放、使用、收回及分配等一系列行为。从整体上讲，它包括筹资引起的财务活动、投资引起的财务活动、营运引起的财务活动以及利润分配引起的财务活动。

企业的财务关系是指企业在组织财务活动过程中与各相关利益集团发生的经济利益关系，包括企业与投资者、受资者、债权人、债务人、往来客户、员工、内部各部门、下属各单位、政府等群体之间的财务关系。

财务管理是基于企业客观存在的财务活动和财务关系而产生的，是企业组织财务活动、处理与各方面财务关系的一项经济管理工作。财务管理作为一种惯例活动，是企业管理的重要组成部分，主要运用价值形式，对企业资本活动实施管理，并通过价值形式这个纽带，把企业各项管理工作有机地协调起来，从财务的角度，保证企业管理目标的实现。

二、财务管理的内容

企业财务管理的内容分为投资管理、筹资管理、营运资金管理以及收益分配管理等。

1. 投资管理

投资是对企业资金的运用，是为了获得收益而进行的资金投放活动。企业取得资金后，必须将资金投入使用，以谋求最大的经济效益，否则筹资便失去了意义。

投资是企业资金运动的中心环节，企业在投资过程中必须考虑投资规模，同时还必须通过投资方向和投资方式的选择，来确定合理的投资结构，以提高投资效益，降低投资风险，这是财务管理的主要内容之一。资金投放是现金流动的中心环节，不仅对资金筹集提出要求，而且是决定未来经济效益的先决条件。

2. 筹资管理

筹资是指企业为了满足投资和用资的需要，筹措和集中所需资金的过程。筹集资金是企业进行投资和生产经营活动的前提，也是企业资金运动的起点。筹资活动的关键在于合理确定筹资的总规模，选择合适的筹资方式以及筹资结构。

3. 营运资金管理

营运资金是指流动资产和流动负债的差额。营运资金管理分为营运资金投资和营运资金筹资两部分。营运资金投资管理主要是制定营运资本投资政策，决定分配多少资本用于应收账款和存货、决定保留多少现金以备支付，以及对这些资本进行日常管理。营运资本筹资管理主要是制定营运资本筹资政策，决定向谁借入短期资本，借入多少短期资本，是否需要采用赊购融资等。

营运资金管理的目标是有效地运用流动资产，力求其边际收益大于边际成本；选择最合理的筹资方式，最大限度地降低营运成本；加快资金周转，提高资金利用效果，获取更多的报酬。

4. 收益分配管理

收益分配是企业将一定时期的收入和支出分配并实现利润后，按规定上缴各种税费、补偿各种耗费和损失、提取公积金和公益金、向投资者分配利润等一系列的经济活动。分配活动是对投资成果的分配，利润（股利）分配活动的关键是确定利润（股利）的支付率。

三、企业的财务关系

财务关系是指企业在组织财务活动过程中与有关各方发生的经济关系。企业的筹资活动、投资活动、经营活动、利润分配活动与企业内外各方面有着广泛的联系。企业的财务关系可概括为以下几个方面。

1. 企业与投资者（股东）和受资者之间的财务关系（投资—受资）

企业与投资者（股东）的财务关系主要指企业的投资人向企业投入资金，而企业向其支付投资报酬所形成的经济关系。企业与受资者的财务关系主要指企业以购买股票或直接投资的形式向其他企业投资而形成的经济关系，并按约定履行出资义务，出资企业以其出资额参与受资企业的经营管理和利润分配。企业与投资者、受资者的关系即投资与分享投资收益的关系，在性质上属于所有权关系。处理这种财务关系必须维护投资、受资各方的合法权益。

2. 企业与债权人、债务人、往来客户之间的财务关系（债权—债务）

企业与债权人的财务关系主要指企业向债权人借入资金，并按合同定时支付利息和归还本金，从而形成的经济关系。企业的债权人主要有债券持有人、贷款银行及其他金融机构、商业信用提供者和其他出借资金给企业的单位和个人。企业与债权人的财务关系在性质上属于债务与债权的关系。企业与债务人的财务关系主要指企业将其资金以购买债券、提供借款或商务信用等形式出借给其他单位而形成的经济关系。企业在这种关系中有权要求其债务人按约定的条件支付利息和归还本金。企业与往来客户之间的财务关系在性质上属于合同义务关系。处理这种财务关系，必须体现有关各方的权利和义务进而保障有关各方的权益。

3. 企业与政府之间的财务关系（纳税—征税）

政府作为社会管理者担负着维持社会正常秩序、保卫国家安全、组织和管理社会活动等任务。政府依据这一身份，无偿参与企业利润的分配，企业必须按税法的规定向政府缴纳各种税款，包括所得税、流转税、资源税、财产税和行为税等。这种关系体现一种强制和无偿的分配关系，反映的是依法纳税和依法征税的税收权利义务关系（在税法上称为税收法律关系）。

4. 企业内部各单位之间的财务关系

企业内部的各职能部门和生产单位既分工又合作，共同形成一个企业系统。这主要指企业内部各单位之间在生产经营各环节中相互提供产品或劳务所形成的经济关系。企业供、产、销各个部门以及各个生产部门之间，相互提供劳务和产品也要计价结算，在企业财务部门同各部门、各单位之间，各部门、各单位相互之间，就会发生资金结算关系，它体现着企业内部各单位之间的经济利益关系。这种在企业内部形成的资金结算关系体现的是企业内部各单位之间的财务关系。处理这种财务关系，要严格分清有关各方的经济责任，以便有效地发挥激励机制和约束机制的作用。

5. 企业与职工之间的财务关系

企业与职工之间的财务关系是指企业向职工支付劳动报酬的过程中形成的经济关系。企业职工以自身提供的劳动参加企业的分配，企业根据职工的劳动情况，用其收入向职工支付工资、津贴和奖金，并按规定提取公益金等，体现着职工个人和集体在劳动成果上的分配关系。企业与职工的分配关系会直接影响企业利润并由此影响所有者权益企业的资金运动，从表面上看是钱和物的增减变动，但实际上，钱和物的增减变动都离不开人与人之间的关系。企业资金运动及其所形成的经济关系，就是企业财务的本质。

四、财务管理的环节

财务管理的环节是企业财务管理的工作步骤与一般工作程序。一般而言，企业财务管理包括以下三个环节。

1. 财务预测与财务预算

（1）财务预测。财务预测是根据企业财务活动的历史资料，考虑现实的要求和条件，对企业未来的财务活动进行较为具体的预计和测算的过程。

（2）财务预算。财务预算是根据财务战略、财务计划和各种预测信息，确定预算期内各种预算指标的过程。它是财务战略的具体化，是财务计划的分解和落实。

2. 财务决策与控制

（1）财务决策。财务决策是指按照财务战略目标的总体要求，利用专门的方法对各种备选方案进行比较和分析，从中选出最佳方案的过程。

（2）财务控制。财务控制是指利用有关信息和特定手段，对企业的财务活动施加影响或调节，以便实现计划所规定的财务目标的过程。

3. 财务分析与评价

（1）财务分析。财务分析是指根据企业财务报表等信息资料，采用专门方法，系统分析和评价企业财务状况、经营成果以及未来趋势的过程。

（2）财务评价。财务评价是指将报告期实际完成数与规定的考核指标进行对比，确定有关责任单位和个人完成任务的过程。

五、财务管理的目标

目标具有导向作用，企业财务管理的目标决定了其在财务管理工作中所采用的原则、程序和方法等。目前，企业财务管理目标理论有以下几种主流观点。

1. 利润最大化

利润最大化即财务管理的行为将朝着有利于企业利润最大化的方向发展。由于利润最大化不具有系统性、长远性、重要性、时间性、风险性等企业理财目标应具有的特性，所以不能以其作为企业财务管理的根本目标。

2. 每股收益（权益资本净利率）最大化

资本利润率是利润额与资本额的比率。

每股利润是利润额与普通股股数的比值。

可以对不同资本规模的企业或同一企业不同期间进行比较，揭示其盈利水平的差异。但其没有考虑每股盈余取得的时间性及其风险，不能避免企业的短期行为。

3. 股东财富最大化

股东财富最大化是指通过企业财务管理以实现股东财富最大为目标。在上市公司，股东财富是由其所拥有的股票数量和股票市场价格两方面来决定的。在股票数量一定时，股票市场价格达到最高，股东财富也就达到最大。

其只强调股东的利益，而对其他关系人的利益重视不够；且股票价格受多种因素影响，并不都是企业所能控制的，不利于评价企业的管理业绩。

4. 企业价值最大化

企业价值是指企业的未来现金净流量按照企业要求的必要报酬率计算的总现值，也是企业的市场价值。

以企业价值最大化作为企业目标有利于实现企业相关利益主体经济利益的均衡，体现了企业战略管理的要求，考虑了货币的时间价值与风险因素，有利于克服管理上的片面性和短期行为，反映了对企业资产保值增值的要求。

企业价值最大化作为财务管理目标也存在着“过于理论化，不易操作”等问题。

5. 相关者利益最大化

股东作为企业所有者，在企业中拥有最高的权利，并承担着最大的义务和风险，但是债权人、员工、企业经营者、客户、供应商和政府也为企业承担着风险。企业的利益相关者包括股东，然后是债权人、企业经营者、客户、供应商、员工、政府等。因此，在确定企业财务管理目标时，不能忽视这些相关利益群体的利益。强调股东的首要地位，同时也要强调企业与股东之间的协调关系。

以相关者利益最大化作为财务管理目标，有利于企业长期稳定发展，体现了合作共赢的价值理念，有利于实现企业经济效益和社会效益的统一。另外，这一目标本身是一个多元化、多层次的目标体系，较好地兼顾了各利益主体的利益，同时也体现了前瞻性和现实性的统一。

六、财务管理的环境

财务管理环境又称为理财环境，是指对企业财务活动和财务管理产生影响作用的外部条件。财务管理环境涉及的范围非常广泛，包括经济、法律、税收、金融、社会文化、自然资源环境和技术环境等方面。财务管理环境是实施财务管理的基本条件。

第二节　职业判断能力训练

一、填空题

1. 财务管理是基于企业客观存在的________和________而产生的，是企业组织财务活动、处理与各方面财务关系的一项经济管理工作。

2. 企业财务管理的内容可以分为________管理、________管理、________管理以及________管理等。

3. 企业把筹集到的资金投资于企业内部用于购置固定资产、无形资产等经营性资产，便形成企业的________；企业将其资金或者其他资产向其他单位投资，购买其他单位的股票、债券或者与其他企业联营进行投资，便形成企业的________。

4. 营运资金管理分为________和________两部分。

5. 财务管理的环节是企业财务管理的工作步骤与一般工作程序。一般而言，企业财务管理包括________、________、________三个环节。

6. 解决股东和经营者利益冲突的方式有________、________、________。

7. 企业财务管理目标理论有________、________、________、________、________等几种主流观点。

8. 解决股东和债权人利益冲突的方法有________、________。

二、单项选择题

1. 下列各项环境中，(　　)是企业最为主要的环境因素。

A. 金融环境　　B. 法律环境

C. 经济环境　　D. 政治环境

2. 财务管理的核心工作环节为(　　)。

A. 财务预测　　B. 财务决策

C. 财务预算　　D. 财务控制

3. 某企业内部的主要管理权限集中于企业总部，各所属单位执行企业总部的各项命令，该企业采取的财务管理体制是(　　)。

A. 集权型　　B. 分权型

C. 集权与分权相结合型　　D. 集权与分权相制约型

4. 下列各项中，能够用于协调企业所有者与企业债权人矛盾的方法是(　　)。

A. 解聘　　B. 接收

C. 激励　　D. 停止借款

5. 下列各项中，符合企业相关者利益最大化财务管理目标要求的是(　　)。

A. 强调股东的首要地位　　B. 强调债权人的首要地位

C. 强调员工的首要地位　　D. 强调经营者的首要地位

6. 某上市公司针对经常出现中小股东质询管理层的情况，采取措施协调所有者与经营者的矛盾。下列各项中，不能实现上述目的的是(　　)。

A. 解聘总经理　　B. 强化内部人控制

C. 加强对经营者的监督　　D. 将经营者的报酬与其绩效挂钩

7. 与普通合伙企业相比，下列各项中，属于股份有限公司缺点的是(　　)。

A. 筹资渠道少　　B. 承担无限责任

C. 企业组建成本高　　D. 所有权转移较为困难

8. 某公司董事会召开公司战略发展讨论会，拟将企业价值最大化作为财务管理目标，下列理由中，难以成立的是(　　)。

A. 有利于规避企业短期行为　　B. 有利于量化考核和评价

C. 有利于持续提升企业获利能力　　D. 有利于均衡风险与报酬的关系

9. 某集团公司有多家控股子公司，如果该集团公司采用集权与分权相结合的财务管理体制，下列各项中，集团总部应当分权给子公司的是(　　)。

A. 担保权　　B. 收益分配权

C. 投资权　　D. 日常费用开支审批权

10. 利用专门的方法对各种备选方案进行比较和分析，从中选出最佳方案的过程是(　　)。

A. 财务预测　　B. 财务决策

C. 财务控制　　D. 财务分析

11. 企业财务管理体制是明确企业各财务层级财务权限、责任和利益的制度，其核心问题是(　　)。

A. 如何进行财务决策　　B. 如何进行财务分析

C. 如何配置财务管理权限　　D. 如何实施财务控制

12. 下列项目中，不属于财务管理的基本环节的是(　　)。

A. 财务预测　　B. 财务决策

C. 财务控制　　D. 资金循环

13. (　　)是资金运动的前提。

A. 投资活动　　B. 筹资活动

C. 利润分配活动　　D. 经营活动

14. 企业的财务关系中，最为重要的关系是(　　)。

A. 股东与经营者之间的关系

B. 股东与债权人之间的关系

C. 股东、经营者、债权人之间的关系

D. 企业与作为社会管理者的政府有关部门、社会公众之间的关系

15. 企业与政府之间的财务关系体现为(　　)。

A. 债权债务关系　　B. 强制和无偿的分配关系

C. 资金结算关系　　D. 风险收益对等关系

三、多项选择题

1. 与独资企业和合伙企业相比，公司制企业的特点有(　　)。

A. 以出资额为限，承担有限责任

B. 权益资金的转让比较困难

C. 存在着对公司收益重复纳税的缺点

D. 更容易筹集资金

2. 下列各项中，属于企业财务管理环节的有(　　)。

A. 财务计划　　B. 财务控制　　C. 财务决策　　D. 财务分析

3. 下列各项企业财务管理目标中，能够同时考虑避免企业追求短期行为和风险因素的财务管理目标有(　　)。

A. 利润最大化　　B. 股东财富最大化

C. 企业价值最大化　　D. 相关者利益最大化

4. 企业的社会责任主要包括的内容有(　　)。

A. 对环境和资源的责任　　B. 对债权人的责任

C. 对消费者的责任　　D. 对所有者的责任

5. 某企业采取的是分权型财务管理体制，其优点主要有(　　)。

A. 有利于因地制宜地搞好各项业务

B. 有利于分散经营风险

C. 有利于采取避税措施及防范汇率风险

D. 有利于整个企业内部优化配置资源

6. 在进行财务管理体制设计时，应当遵循的原则有(　　)。

A. 明确分层管理思想　　B. 与现代企业制度相适应

C. 决策权、执行权与监督权分立　　D. 与控股股东所有制形式相对应

7. 下列不利于采用相对集中的财务管理体制的企业是(　　)。

A. 企业各所属单位之间的业务联系密切

B. 企业的管理水平较低

C. 企业各所属单位之间的业务联系松散

D. 企业掌握了各所属单位一定比例有表决权的股份

8. 采用过度集权和过度分散都会产生相应的成本，下列属于集权所产生的成本的有(　　)。

A. 各所属单位积极性的损失
B. 各所属单位资源利用效率的下降
C. 各所属单位财务决策效率的下降
D. 各所属单位财务决策目标及财务行为与企业整体财务目标的背离

9. 下列各项中，属于财务管理经济环境构成要素的有(　　)。
A. 经济周期　　B. 经济发展水平
C. 宏观经济政策　　D. 通货膨胀

10. 下列金融市场类型中，能够为企业提供中长期资金来源的有(　　)。
A. 拆借市场　　B. 股票市场　　C. 融资租赁市场　　D. 票据贴现市场

11. 公司制企业可能存在经营者和股东之间的利益冲突，解决这一冲突的方式有(　　)。
A. 解聘　　B. 接收　　C. 收回借款　　D. 授予股票期权

12. 下列属于企业需要满足的社会责任有(　　)。
A. 按时足额发放劳动报酬，提供安全健康的工作环境
B. 主动偿债，不无故拖欠
C. 确保产品质量，保障消费安全
D. 及时支付股利，确保股东的利益

13. 债权人为了防止其利益受到损害，可以采取的保护措施有(　　)。
A. 取得立法保护，如优先于股东分配剩余财产
B. 在借款合同中规定资金的用途
C. 拒绝提供新的借款
D. 提前收回借款

14. 财务管理是(　　)的一项经济管理工作。
A. 组织企业财务活动　　B. 组织购销活动
C. 处理财务关系　　D. 进行人力资源管理

15. 下列各项中，属于利率的组成因素有(　　)。
A. 纯利率　　B. 通货膨胀补偿率
C. 风险报酬率　　D. 社会累积率

四、判断题

1. 为了防范通货膨胀风险，公司应当签订固定价格的长期销售合同。　(　　)

2. 相关者利益最大化是指与企业利益相关的所有者、债权人和经营者的利益最大化。　(　　)

3. 利润最大化、企业价值最大化以及相关者利益最大化等各种财务管理目标，都是以股东财富最大化为基础。　(　　)

4. 企业的社会责任是企业在谋求所有者权益最大化之外所承担的维护和增进社会利益的义务，一般划分为企业对社会公益的责任和对债权人的责任两大类。　(　　)

5. 企业财务管理体制是明确企业资金管理的制度，其核心问题是投资决策。　(　　)

6. 财务管理的技术环境是指财务管理得以实现的技术手段和技术条件，它决定着财务管理的效率和效果。　(　　)

7. 金融工具是指融通资金双方在金融市场上进行资金交易、转让的工具，借助金融工具，资金从供给方转移到需求方。 ( )

8. 就上市公司而言，将股东财富最大化作为财务管理目标的缺点之一是不容易被量化。 ( )

五、思考题

1. 企业与有关各方存在着哪些财务关系?

2. 分析对比个人独资企业、合伙企业和公司制企业在责任、寿命、纳税、组建成本等方面的异同点。

3. 财务管理的内容有哪些?

4. 财务管理的环节包括哪些内容?

5. 财务管理的目标有哪些?

第三节　参考答案

职业判断能力训练答案

一、填空题

1. 财务活动；财务关系。

2. 投资；筹资；营运资金；收益分配。

3. 对内投资；对外投资。

4. 营运资金投资；营运资金筹资。

5. 财务预测与预算；财务决策与控制；分析与评价。

6. 解聘；接收；激励。

7. 利润最大化；每股收益最大化；股东财富最大化；企业价值最大化；相关者利益最大化。

8. 限制性借债；收回借款或停止借款。

二、单项选择题

1. A	2. B	3. A	4. D	5. A
6. B	7. C	8. B	9. D	10. B
11. C	12. D	13. B	14. C	15. B

三、多项选择题

1. ACD	2. ABCD	3. BCD	4. ABC	5. AB
6. ABC	7. BC	8. AC	9. ABCD	10. BC
11. ABD	12. ABC	13. ABCD	14. AC	15. ABC

四、判断题

1. ×	2. ×	3. √	4. ×	5. ×
6. √	7. √	8. ×		

五、思考题

1. 财务关系是指企业在组织财务活动过程中与有关各方发生的经济关系。企业的筹资活动、投资活动、经营活动、利润分配活动与企业内外各方面有着广泛的联系。企业的财务关系可概括为以下几个方面。

(1) 企业与投资者（股东）和受资者之间的财务关系（投资—受资）。企业与投资者（股东）的财务关系主要指企业的投资人向企业投入资金，而企业向其支付投资报酬所形成的经济关系。企业与受资者的财务关系主要指企业以购买股票或直接投资的形式向其他企业投资而形成的经济关系，并按约定履行出资义务，出资企业以其出资额参与受资企业的经营管理和利润分配。企业与投资者、受资者的关系即投资与分享投资收益的关系，在性质上属于所有权关系。处理这种财务关系必须维护投资、受资各方的合法权益。

(2) 企业与债权人、债务人、往来客户之间的财务关系（债权—债务）。企业与债权人的财务关系主要指企业向债权人借入资金，并按合同定时支付利息和归还本金，从而形成的经济关系。企业的债权人主要有债券持有人、贷款银行及其他金融机构、商业信用提供者和其他出借资金给企业的单位和个人。企业与债权人的财务关系在性质上属于债务与债权的关系。企业与债务人的财务关系主要指企业将其资金以购买债券、提供借款或商务信用等形式出借给其他单位而形成的经济关系。企业在这种关系中有权要求其债务人按约定的条件支付利息和归还本金。企业与往来客户之间的财务关系在性质上属于合同义务关系。处理这种财务关系，必须按有关各方的权利和义务保障有关各方的权益。

(3) 企业与政府之间的财务关系（纳税—征税）。政府作为社会管理者担负着维持社会正常秩序、保卫国家安全、组织和管理社会活动等任务。政府依据这一身份，无偿参与企业利润的分配，企业必须按税法的规定向政府缴纳各种税款，包括所得税、流转税、资源税、财产税和行为税等。这种关系体现一种强制和无偿的分配关系，反映的是依法纳税和依法征税的税收权利义务关系（在税法上称为税收法律关系）。

(4) 企业内部各单位之间的财务关系。企业内部的各职能部门和生产单位既分工又合作，共同形成一个企业系统。这主要指企业内部各单位之间在生产经营各环节中相互提供产品或劳务所形成的经济关系。企业供、产、销各个部门以及各个生产部门之间，相互提供劳务和产品也要计价结算，在企业财务部门同各部门、各单位之间，各部门、各单位相互之间，就会发生资金结算关系，它体现着企业内部各单位之间的经济利益关系。这种在企业内部形成的资金结算关系体现的是企业内部各单位之间的财务关系。处理这种财务关系，要严格分清有关各方的经济责任，以便有效地发挥激励机制和约束机制的作用。

(5) 企业与职工之间的财务关系。企业与职工之间的财务关系是指企业向职工支付劳动报酬的过程中形成的经济关系。企业职工以自身提供的劳动参加企业的分配，企业根据职工的劳动情况，用其收入向职工支付工资、津贴和奖金，并按规定提取公益金等，体现着职工个人和集体在劳动成果上的分配关系。企业与职工的分配关系会直接影响企业利润并由此影响所有者权益企业的资金运动，从表面上看是钱和物的增减变动，但实际上，钱和物的增减变动都离不开人与人之间的关系。企业资金运动及其所形成的经济关系，就是企业财务的本质。

2. 个人独资企业、合伙企业和公司制企业在责任、寿命、纳税、组建成本等方面的异同点见表 1-1。

表1-1 个人独资企业、合伙企业和公司制企业在责任、寿命、纳税、组建成本等方面的异同点

组织形式	个人独资企业	合伙企业	公司制企业
投资人	一个自然人	两个或两个以上的自然人，有时也包括法人或其他组织	多样化
承担的责任	无限债务责任	每个合伙人对企业债务须承担无限、连带责任	有限债务责任
企业寿命	随着业主的死亡而自动消亡	合伙人死亡一般不影响合伙企业的存续	无限存续
所有权转让	比较困难	合伙人对外转让其所有权时需要取得其他合伙人的一致同意	容易转让所有权
筹集资金的难易程度	难以从外部获得大量资金用于经营	较难从外部获得大量资金用于经营	融资渠道较多，更容易筹集所需资金
纳税	个人所得税	个人所得税	企业所得税和个人所得税
代理问题			存在所有者与经营者之间的代理问题
组建公司的成本	低	居中	高

3. 财务管理的内容分为投资管理、筹资管理、营运资金管理以及收益分配管理等。

（1）投资管理。投资是企业资金的运用，是为了获得收益而进行的资金投放活动。企业取得资金后，必须将资金投入使用，以谋求最大的经济效益，否则筹资便失去了意义。企业将资金投放可分为对内和对外两种方式。企业把筹集到的资金投资于企业内部用于购置固定资产、无形资产等经营性资产，便形成企业的对内投资；企业将其资金或者其他资产向其他单位投资，购买其他单位的股票、债券或者与其他企业联营进行投资，便形成企业的对外投资。

（2）筹资管理。筹资是指企业为了满足投资和用资的需要，筹措和集中所需资金的过程。筹集资金是企业进行投资和生产经营活动的前提，也是企业资金运动的起点。筹资活动的关键在于合理确定筹资的总规模，选择合适的筹资方式以及筹资结构。

（3）营运资金管理。营运资金是指流动资产和流动负债的差额。营运资金管理分为营运资金投资和营运资金筹资两部分。营运资金投资管理主要是制定营运资本投资政策，决定分配多少资本用于应收账款和存货、决定保留多少现金以备支付，以及对这些资本进行日常管理。营运资本筹资管理主要是制定营运资本筹资政策，决定向谁借入短期资本，借入多少短期资本，是否需要采用赊购融资等。

营运资金管理的目标是有效地运用流动资产，力求其边际收益大于边际成本；选择最合理的筹资方式，最大限度地降低营运成本；加快资金周转，提高资金利用效果，获取更多的报酬。

（4）收益分配管理。收益分配是企业将一定时期的收入和支出分配并实现利润后，按规定上缴各种税费、补偿各种耗费和损失、提取公积金和公益金、向投资者分配利润等一系列的经济活动。分配活动是对投资成果的分配，利润（股利）分配活动的关键是确定利润（股利）的支付率。

4. 财务管理的环节是企业财务管理的工作步骤与一般工作程序。一般而言，企业财务管理包括以下三个环节。

（1）财务预测与预算。财务预测是根据企业财务活动的历史资料，考虑现实的要求和条件，对企业未来的财务活动进行较为具体的预计和测算的过程。财务预测可以测算各项生产经营方案的经济效益，为决策提供可靠的依据；可以预计财务收支的发展变化情况，以确定经营目标；可以测算各项定额和标准，为编制计划、分解计划指标服务。

财务预算是根据财务战略、财务计划和各种预测信息，确定预算期内各种预算指标的过程。它是财务战略的具体化，是财务计划的分解和落实。

（2）财务决策与控制。财务决策是指按照财务战略目标的总体要求，利用专门的方法对各种备选方案进行比较和分析，从中选出最佳方案的过程。财务决策是财务管理的核心，决策成功与否直接关系到企业的兴衰成败。

财务控制是指利用有关信息和特定手段，对企业的财务活动施加影响或调节，以便实现计划所规定的财务目标的过程。财务控制的方法通常有前馈控制、过程控制、反馈控制等；财务控制的措施一般包括预算控制、运营分析控制和绩效考评控制等。

（3）财务分析与评价。财务分析是指根据企业财务报表等信息资料，采用专门方法，系统分析和评价企业财务状况、经营成果以及未来趋势的过程。财务分析的方法通常有比较分析法、比率分析法、综合分析法等。

财务评价是指将报告期实际完成数与规定的考核指标进行对比，确定有关责任单位和个人完成任务的过程。财务评价与奖惩紧密联系，是贯彻责任制原则的要求，也是构建激励与约束机制的关键环节。财务评价的形式多种多样，可以用绝对指标、相对指标、完成百分比考核，也可以采用多种财务指标进行综合评价考核。

5. 目前，企业财务管理目标有以下几种。

（1）利润最大化。利润最大化是指企业财务管理以实现利润最大为目标。以利润最大化作为财务管理目标的主要原因：一是利润代表了企业新创造的价值，利润增加代表着企业财富的增加，利润越多，代表企业新创造的财富越多；二是人类从事生产经营活动的目的是创造更多的剩余产品，在市场经济条件下，剩余产品的多少可以用利润这个指标来衡量；三是在自由竞争的资本市场中，资本的使用权最终属于获利最多的企业；四是只有每家企业都最大限度地创造利润，整个社会的财富才可能实现最大化，从而带动社会的进步和发展。

（2）每股收益（权益资本净利率）最大化。资本利润率是利润额与资本额的比率；每股利润是利润额与普通股股数的比值。每股收益最大化考虑企业的利润和股东投入资本之间的关系，用资本利润率（每股利润）概括企业财务管理目标，能够说明企业的盈利水平，可以对不同资本规模的企业或同一企业不同期间进行比较进而揭示其盈利水平的差异。但其没有考虑每股收益取得的时间性及其风险，不能避免企业的短期行为。

（3）股东财富最大化。股东财富最大化是指通过企业财务管理以实现股东财富最大为目标。在上市公司，股东财富由其所拥有的股票数量和股票市场价格两方面来决定。在股票数量一定时，股票价格达到最高，股东财富也就达到最大。

（4）企业价值最大化。企业价值最大化是指企业财务管理行为以实现企业的价值最大为目标。企业价值可以理解为企业所有者权益和债权人权益的市场价值，或者是企业所能创造的预计未来现金流量的现值。未来现金流量的现值，包含了资金的时间价值和风险与报酬的关系，在保证企业长期稳定发展的基础上使企业总价值达到最大。

（5）相关者利益最大化。股东作为企业所有者，在企业中拥有最高的权利，并承担着最大的义务和风险，但是债权人、员工、企业经营者、客户、供应商和政府也为企业承担着风险。企业的利益相关者包括股东，然后是债权人、企业经营者、客户、供应商、员工、政府等。因此，在确定企业财务管理目标时，不能忽视这些相关利益群体的利益。强调股东的首要地位，同时也要强调企业与股东之间的协调关系。

第二章

财务管理观念

★专业能力目标

- 领会资金时间价值的含义；
- 能够描述风险的种类，以及风险报酬的衡量方法；
- 掌握资金时间价值中关于复利终值和复利现值、年金终值和年金现值的计算；
- 掌握风险和报酬的估算方法。

★社会能力目标

- 能根据学习需要查阅有关资料；
- 能够结合企业或个人的情况，面对简单的投资决策利用货币时间价值做出恰当的选择，同时能运用模型粗略估计企业面对的风险大小。

第一节　相关知识

一、资金时间价值的含义与作用

资金时间价值是资金经过投资或使用后人们创造的剩余价值的一部分。在现实经济生活中它是客观存在的。资金时间价值也是企业财务管理的一个重要价值观念，在企业筹资、投资等经济活动中经常需要考虑这个问题，它对搞好企业预算、经济决策等工作以及提高企业财务管理水平有着重要影响。

1. 资金时间价值的含义

资金时间价值是指一定量的资金在经历一段时间的投资或使用后所增加的价值，也称为货币时间价值，其表现形式主要有绝对值和相对值两种。在计算资金时间价值时，必须明确以下两个问题：

（1）资金时间价值不等于通货膨胀。

（2）资金时间价值不等于风险报酬。

综上所述，资金时间价值是指在不考虑通货膨胀和风险报酬情况下的社会平均劳动报酬率，是劳动者创造的剩余价值的一部分。

2. 资金时间价值的作用

（1）资金时间价值是评价投资方案是否可行的基本依据。

（2）资金时间价值是评价企业收益的尺度。

二、资金时间价值的基本原理

1. 本金

本金是指贷给别人以收取利息的原本金额，也称为母金。

2. 利息

从形式上来看，利息是货币所有者因为发出货币资金而从借款人手中获得的报酬；从另一方面来看，利息是借款者使用货币资金必须支付的代价。

3. 终值

终值也称为将来值，是指现在一定量的现金在未来某一时点上的价值，即包括资金时间价值在内的本利和。

4. 现值

现值是指未来某一时点上的一定量的现金按资金时间价值折合为现在的价值。其也可理解为为了在将来取得一定数量的本利和，现在所需要的现金。

三、资金时间价值的计算方法

1. 单利计算法

单利是指只对本金计算利息的一种计息方式，在这种计息方式下，只按本金计算利息，不管时间多长，期间利息支付与否，所产生的利息均不参与计算利息，即利不生利。

2. 复利计算法

复利是指除了本金产生利息外，利息也要产生利息。

在复利制下，每经过一个利息计算期，均将上一期本金所产生的利息，连本带利一起视为本金，滚动到下一期计算利息，逐期累计，俗称“利滚利”。

3. 年金计算法

年金是指在一段时间内等额、定期、连续的系列收支款项。按照收付的次数和支付的时间划分，年金有以下几类：普通年金、预付年金、递延年金和永续年金。

四、单利法计算资金的终值与现值

单利的计算包括计算单利利息、单利终值和单利现值。

（1）单利利息计算公式：

$$I = P \times i \times n$$

（2）单利终值计算公式：

$$F = P + P \times i \times n$$

（3）单利现值计算公式：

$$P=\frac{F}{1+i\times n}$$

注意：i 为市场利息率。

五、复利法计算资金的终值与现值

1. 复利终值

复利终值是指按复利计息、经过若干个计息期后在到期日包括本金和利息在内的本利和。由于在复利计息方式下，各期的利息本身都要计算利息，复利终值的计算公式为

$$F=P\times(1+i)^n$$

式中，$(1+i)^n$称为“复利终值系数”，用符号（F/P，i，n）表示，可以通过“复利终值系数表”查得其数值。

查表方法：查教材附录中的“复利终值系数表”。表中，横行为利率 i，竖列为期数 n，i 和 n 对应的纵横交叉坐标点，即为相应的复利终值系数。

2. 复利现值

复利现值是指未来一定时点的资金按复利折算的现在价值。它是复利终值的逆运算，也称为贴现。因此复利现值系数与复利终值系数是互为倒数关系。

其计算公式为

$$P=F\times(1+i)^{-n}$$

式中，$(1+i)^{-n}$称为“复利现值系数”，用符号（P/F，i，n）表示，可以通过复利现值系数表查得其数值，该表的使用方法与复利终值系数表相同。

六、年金法计算资金的终值与现值

1. 普通年金

普通年金是指在一定时期内每期期末等额发生的系列收付款项。由于每期有期初、期末两个时点，而普通年金是发生在期末这个时点，又称为后付年金。

（1）普通年金终值的计算。普通年金终值相当于零存整取的本利和，它是一定时期内每期期末等额支付款项或收入款项的复利终值之和。年金一般用 A 来表示，普通年金终值一般用 F_A 表示。

普通年金终值是指将每期发生的年金 A 都计算其所对应的复利终值 F_i，然后求和。其计算公式为

$$F_A=A\times\frac{(1+i)^n-1}{i}$$

式中，$\frac{(1+i)^n-1}{i}$称为“普通年金终值系数”，它反映的是1元年金在利率为 i 时，经过 n 期的复利终值，用符号（F/A，i，n）表示，可通过教材附录中的“年金终值系数表”查得其数值。

查表方法：查教材附录中的“年金终值系数表”。表中，横行为利率 i，竖列为期数 n，i 和 n 对应的纵横交叉坐标点，即为相应的年金终值系数。

（2）偿债基金的计算。偿债基金是指为了在约定的未来某一时点清偿某笔债务或积聚一定数额的资金而必须分次等额形成的存款准备金，它是普通年金终值的逆运算，其计算公式如下：

$$A = F_A \times \frac{i}{(1+i)^n - 1}$$

式中，$\frac{i}{(1+i)^n - 1}$称为“偿债基金系数”，记作（A/F，i，n），它可以把普通年金终值折算为每年需要支付的金额，可通过普通年金终值系数倒推算出来。

（3）普通年金现值的计算。普通年金现值是指一定时期内每期期末等额系列支付款项（或收入款项）的复利现值之和，一般用 P_A 表示。普通年金现值是指将每期发生的年金 A 都计算其所对应的复利现值 P_i，然后再求和，其计算公式为

$$P_A = A \times \frac{1-(1+i)^{-n}}{i}$$

式中，$\frac{1-(1+i)^{-n}}{i}$称为“年金现值系数”，它表示 1 元年金在利率为 i 时，经过 n 期的年金现值，记为（P/A，i，n），可以通过教材附录中的“年金现值系数表”查得其数值。查表方法与查年金终值系数的方式一致。

（4）投资回收额的计算。投资回收额是指在给定的年限内等额回收初始投入的资本或等额清偿初始欠下的债务。投资回收额是普通年金现值的逆运算，即已知年金现值 P_A 求年金 A。

投资回收额的计算公式为

$$A = P_A \times \frac{i}{1-(1+i)^{-n}}$$

式中，$\frac{i}{1-(1+i)^{-n}}$称为“投资回收系数”，记作（A/P，i，n），是年金现值系数的倒数，因此可通过普通年金现值系数倒推算出来。

2. 预付年金

预付年金是指在一定时期内，各期期初发生等额系列的收付款项。由于每期有期初、期末两个时点，而预付年金是发生在期初这个时点，又称为先付年金或即付年金。

（1）预付年金终值的计算。预付年金终值是一定时期内每期期初等额支付款项（或收入款项）的复利终值之和。其计算公式为

$$F_A = A \times (1+i)^1 + A \times (1+i)^2 + \cdots + A \times (1+i)^n$$

根据等比数列的求和公式可知：

$$F_A = A \times \left[\frac{(1+i)^{n+1} - 1}{i} - 1\right]$$

式中，$\left[\frac{(1+i)^{n+1} - 1}{i} - 1\right]$是预付年金终值系数，或称 1 元的预付年金终值。它和普通年金终值系数$\frac{(1+i)^n - 1}{i}$相比，预付年金终值系数比普通年金终值系数在期数上多一期，即 $n+1$ 期，整体系数上少 1。因此，预付年金终值系数为［（F/A，i，$n+1$）-1］，可由普通年金终值系数推算而得：查 $n+1$ 期的值，减去 1 后即为预付年金终值系数。

（2）预付年金现值的计算。预付年金现值是指一定时期内每期期初等额支付款项（或收入款项）的复利现值之和。

预付年金现值的计算公式为

$$P_A = A + A \times (1+i)^{-1} + A \times (1+i)^{-2} + \cdots + A \times (1+i)^{-(n-1)}$$

根据等比数列求和公式得

$$P_A = A \times \left[\frac{1-(1+i)^{-(n-1)}}{i} + 1\right]$$

式中，$\left[\frac{1-(1+i)^{-(n-1)}}{i} + 1\right]$是预付年金现值系数，或称1元预付年金现值。它和普通年金现值系数$\frac{1-(1+i)^{-n}}{i}$相比，预付年金现值系数比普通年金现值系数在期数上少一期，即$n-1$期，整体系数上多1。因此，预付年金现值系数为［(P/A，i，n－1)＋1］，可由普通年金现值系数推算而得：查$n-1$期的值，加上1后即为预付年金现值系数。

3. 递延年金

递延年金是指现在起在若干期以后才开始发生连续等额系列收付款项的年金。即凡是不在第一期（期初或期末）开始发生收付行为的年金均称为递延年金。

（1）递延年金终值的计算。递延年金终值的计算与递延期无关，可以直接视为普通年金或预付年金的终值进行计算。

（2）递延年金现值的计算。递延年金现值的计算方法有很多，本书重点介绍两种方法。

第一种方法：先将除递延期以外的n期视为普通年金，求得其在第n期年金终值，然后将这个n期的年金终值，折现到第0期（折现期数为$n+m$期），求得的现值就是递延年金的现值。

其计算公式为

$$P_A = A \times (F/A, i, n) \times [P/F, i, (m+n)]$$

第二种方法：先求出n期年金的现值，再从m期的期末采用求复利现值的方式将n期年金的现值折现到m期的期初（即0点），求得的现值就是递延年金的现值。

其计算公式为

$$P_A = A \times (P/A, i, n) \times (P/F, i, m)$$

4. 永续年金

永续年金是指无限期地每期连续、等额收入或支出的年金，也称为永久年金，如优先股股利。它是普通年金的一种特殊形式。由于永续年金的期限是无穷的，因此它没有终值，只有现值。其现值的计算公式为

$$P_A = \frac{A}{i}$$

七、资金时间价值的运用

1. 反求利率

在实际经济活动中，有时需要在知道期数n和终值、现值的情况下，求利率i。以复利终值为例：

$$F = P \times (1+i)^n$$

$$(1+i)^n = F/P$$

由于F、P、n均为已知数，故计算出来的F/P的值即为已知n期、未知i所对应的复利终值系数。此时可通过查复利终值系数表，找到期数为n、与系数F/P相邻的两个复利终

值系数及与之对应的 i，然后用插值法（又称内插法）求得与系数 F/P 对应的 i。

2. 反求期数

在实际经济活动中，有时也会遇到已知利率 i、终值、现值的情况下，反求期数 n。

此时，反求期数的计算方法与上述反求利率的方法基本相同，只是插值法的要点是期数差之比等于系数差之比。

3. 名义利率和实际利率

在实际经济生活中，有时复利的计息期不是一年，例如可能每月都需要复利，有时可能又以季度为复利单位，此时一年复利的次数将超过 1 次。在这种情况下，实际利率将高于名义利率。

两者之间的换算关系如下：

设 i 表示实际利率，r 表示名义利率，m 表示每年复利的次数，则

$$i = \left(1 + \frac{r}{m}\right)^{m} - 1$$

八、风险的概念、特点与种类

1. 风险的概念

在财务管理中，风险指的是投资活动所产生的收益水平偏离期望值的程度。因此，风险可能带来损失，也可能带来收益。它的形成可能是事前信息的不对称，事中出现未能预料、无法控制的外部影响因素或内部执行因素导致的。

如果一项经济活动在未来可能出现多种结果，说明未来的经营成果具有不确定性，这就意味着存在风险；反之，就意味着没有风险，或风险为零。

2. 风险的特点

（1）风险可能给投资者带来超预期的收益，也可能给投资者带来超预期的损失。

（2）风险在特定经济活动范围内，并在该经济活动影响期内存在。随着经营活动向前推进，不确定、不可控的因素在逐渐减少，结果越来越明朗，风险越来越小。

（3）风险是一种客观存在，无法完全避免。

3. 风险的种类

（1）从个别投资主体的角度，风险可分为市场风险和企业特有风险。市场风险也称为系统风险或不可分散风险，是指那些任何企业和其他经济组织都会受到影响的风险。该风险不能通过分散投资来分散。

企业特有风险也称为非系统风险或可分散风险，是由企业的某个特定原因或特定事件造成的。这种风险可以通过多元化投资来分散。

（2）从企业自身角度来看，风险可分为经营风险和财务风险。经营风险也称为商业风险，是指由于生产经营的原因给企业的利润额或利润率带来的不确定性。财务风险也称为筹资风险或融资风险，是指由于企业过度负债而可能给企业财务成果带来的不利影响。一般来说，负债比率越高，财务风险越大。经营风险是财务风险的源头，而财务风险反过来也会增加经营风险。

九、风险与收益的关系

1. 资产收益率的种类

衡量资产收益的一个主要指标是资产的收益率或报酬率，在实际财务工作中，由于工作

角色和出发点不同，收益率主要有以下一些类型：

（1）期望收益率。

（2）必要收益率。

（3）无风险收益率。

（4）风险收益率。

2. 风险与收益的数量关系

一般而言，企业或投资者愿意冒风险进行经营活动或投资，是为了获得与所冒风险匹配的报酬。因此，风险和收益呈正相关关系。

在不考虑通货膨胀的情况下，投资者要求的必要投资报酬率，就是无风险收益率与风险收益率之和。

必要投资报酬率 = 无风险收益率 + 风险收益率

十、单项投资风险的衡量

1. 概率及其分布

在经济活动中，某一事件在相同条件下可能发生也可能不发生，这类事件称为随机事件。概率有以下几个特点：

（1）随机事件的概率介于0与1之间，完全不会发生的事件概率为0，一定会发生的事件概率为1。

（2）概率越大，事件发生的可能性越大。

（3）一个事件的各种可能性，即其概率之和，等于1。

2. 期望值

期望值是指在一个概率分布中，所有可能出现的结果以各自相应的概率为权数计算的加权平均值，通常用字母 E 表示。它是投资者基于风险对投资报酬率的合理综合预期。其计算公式为

$$E = \sum_{i=1}^{n} X_i P_i$$

式中　E——期望值；

X_i——第 i 种结果的收益率；

P_i——第 i 种结果出现的概率；

n——可能结果的总数。

3. 风险的衡量

期望值只能反映一个数值，却不能衡量风险问题。要进行风险衡量，需要借助方差、标准离差和标准离差率等。

（1）方差。方差是各种可能的结果偏离期望值的综合差异。它可以用来表示投资报酬率的各种可能值与预期报酬率之间的离散程度，通常用字母 σ^2 表示。

其计算公式为

$$\sigma^2 = \sum_{i=1}^{n} (X_i - E)^2 \times P_i$$

式中　σ^2——方差；

E——期望值；

X_i——第 i 种结果的收益率；

P_i——第 i 种结果出现的概率；

n——可能结果的总数。

一般来说，方差越大，说明各种可能的结果偏离预期值的程度越大，风险也就越大；方差越小，风险也就越小。

（2）标准离差。标准离差也称为标准差，它是方差的平方根。它同样可以用来反映概率分布中各种可能的结果对期望值的偏离程度，通常用 σ 表示。其计算公式为

$$\sigma = \sqrt{(X_i - E)^2 \times P_i}$$

式中　σ——标准差；

E——期望值；

X_i——第 i 种结果的收益率；

P_i——第 i 种结果出现的概率；

n——可能结果的总数。

（3）标准离差率。标准离差率是指标准差与期望值的比率，也称为离散系数，通常用 V 表示。它衡量的是每单位期望所承担的风险，是一个相对数指标。其计算公式为

$$V = \frac{\sigma}{E} \times 100\%$$

式中　σ——标准差；

E——期望值；

V——标准离差率。

标准离差率是一个基于期望值的相对数，当期望值不同时，标准离差率越大，风险越大；反之，风险越小。

十一、单项投资报酬的衡量

对一个投资项目的评价，或对两个以上投资项目的选择，不仅要考虑风险，还要考虑报酬。

在介绍风险与收益的数量关系时，已知有下列等式：

必要投资报酬率 = 无风险收益率 + 风险收益率

其中，风险报酬率（风险收益率）就是一个充分考虑了风险的报酬指标，它的计算公式为

$$R_r = b \times V$$

式中　R_r——风险收益率；

b——风险报酬系数；

V——标准离差率。

注意：式中 b 取决于投资者对风险的偏好：对风险的态度越是回避，要求的补偿也就越高，因而要求的风险收益率就越高，风险报酬系数就越大；反之，风险报酬系数就越小。风险报酬系数的确定，可以通过对企业历史资料的分析，或专家评议，或由政府公布取得。

第二节　职业判断能力训练

一、填空题

1. 资金时间价值是指在不考虑________和风险报酬情况下的社会平均劳动报酬率，是劳动者创造的剩余价值的一部分。

2. 递延年金在计算________时，与其递延的期数没有关系。

3. 年金是指在一段时间内等额、________、连续的系列收支款项。

4. 投资回收系数的倒数是________。

5. 预付年金现值系数相比普通年金现值系数有________特点。

6. 从企业自身角度来看，风险可分为________和财务风险。

7. 用来衡量风险大小的指标有方差、标准离差和________。

8. ________是反映单项资产收益率与市场平均收益率之间变动关系的量化指标。

二、单项选择题

1. 以下说法正确的是(　　)。

A. 计算偿债基金系数，可根据年金现值系数求倒数

B. 普通年金现值系数加 1 等于同期、同利率的预付年金现值系数

C. 在终值一定的情况下，贴现率越低、计算期越少，则复利现值越大

D. 在计算期和现值一定的情况下，贴现率越低，复利终值越大

2. 资金时间价值通常(　　)。

A. 包括风险和物价因素

B. 不包括风险和物价因素

C. 包括风险因素但不包括物价变动因素

D. 包括物价变动因素但不包括风险因素

3. 某人拟在 5 年后还清 10 000 元债务，从现在起每年年末等额存入银行一笔款项。假设银行利率为 6%，则每年需存入款项为(　　)元。

A. 1 774　　B. 2 374　　C. 5 637　　D. 4 212

4. 已知（F/A，10%，9）=13.579，（F/A，10%，11）=18.531。则 10 年、10% 的即付年金终值系数为(　　)。

A. 17.531　　B. 15.937　　C. 14.579　　D. 12.579

5. 某一项年金前 4 年没有流入，后 5 年每年年初流入 4 000 元，则该项年金的递延期是(　　)年。

A. 2　　B. 3　　C. 4　　D. 5

6. 某校准备设立永久性奖学金，每年计划颁发 36 000 元奖金，若年复利率为 12%，该校现在应向银行存入(　　)元本金。

A. 450 000　　B. 300 000　　C. 350 000　　D. 360 000

7. 在 10% 利率下，一年期至五年期的复利现值系数分别为 0.909 1、0.826 4、0.751 3、0.683 0、0.620 9，则五年期的即付年金现值系数为(　　)。

A. 3.790 7　　B. 4.790 7　　C. 5.229 8　　D. 4.169 8

8. 财务风险是由(　　)引起的。

A. 汇率变动　　B. 过度融资　　C. 通货膨胀　　D. 高利率

9. 关于递延年金，下列说法错误的是(　　)。

A. 递延年金是指若干期以后才开始发生的系列收付款项

B. 递延年金没有终值

C. 递延年金现值的大小与递延期有关，递延期越长，现值越小

D. 递延年金终值与递延期无关

10. 某企业于年初存入银行 50 000 元，假定年利息率为 12%，每年复利两次。已知（F/P，6%，5）=1.338 2，（F/P，6%，10）=1.790 8，（F/P，12%，5）=1.762 3，（F/P，12%，10）=3.105 8，则第 5 年年末的本利和为(　　)元。

A. 66 910　　B. 88 115　　C. 89 540　　D. 155 290

11. 投资者由于冒风险进行投资而获得的超过资金时间价值的额外收益，称为投资的(　　)。

A. 时间价值率　　B. 期望报酬率　　C. 风险报酬率　　D. 必要报酬率

12. 大华公司于 2000 年年初向银行存入 5 万元资金，年利率为 8%，每半年复利一次，则第 10 年年末大华公司可得到本利和为(　　)万元。

A. 10　　B. 8.96　　C. 9　　D. 10.96

13. 若现在存入 1 000 000 元设立一笔基金，要达到每年年末能有不低于 85 000 元的利息用于扶贫，其期间利率至少应为(　　)。

A. 8%　　B. 8.5%　　C. 9%　　D. 12.5%

14. （A/F，i，n）表示(　　)。

A. 资本回收系数　　B. 偿债基金系数

C. 普通年金现值系数　　D. 普通年金终值系数

15. 已知某公司股票风险收益率为 9%，短期国债收益率为 5%，市场组合收益率为 10%，则该公司股票的 β 系数为(　　)。

A. 1.8　　B. 0.8　　C. 1　　D. 2

三、多项选择题

1. 下列选项中，(　　)可以视为年金的形式。

A. 直线法计提的折旧　　B. 租金

C. “利滚利”　　D. 保险费

2. 按风险形成的原因，企业特有风险可划分为(　　)。

A. 经营风险　　B. 市场风险　　C. 可分散风险　　D. 财务风险

3. 下列说法正确的是(　　)。

A. 普通年金现值系数的倒数是普通年金终值系数

B. 复利终值系数的倒数是复利现值系数

C. 普通年金现值系数的倒数是投资回收系数

D. 复利终值系数的倒数是偿债基金系数

4. 按照资本资产定价模型，影响特定股票预期收益率的因素有(　　)。

A. 无风险收益率　　B. 平均风险股票的必要报酬率

C. 特定股票的 β 系数　　D. 相关系数 ρ

5. 在运用内插法进行特殊情况资金时间价值的计算时，常用的口诀有(　　)。
A. 期数差之比等于系数差之比　　B. 利率差之比等于系数差之比
C. 终值差之比等于系数差之比　　D. 现值差之比等于系数差之比
6. 下列可以表示货币时间价值的利息率有(　　)。
A. 没有风险的公司债券利率
B. 在通货膨胀率很低的情况下，国债的利率
C. 没有风险和没有通货膨胀条件下的社会平均利润率
D. 加权平均资本成本
7. 已知（P/F，8%，5）=0.680 6，（F/P，8%，5）=1.469 3，（P/A，8%，5）=3.992 7，（F/A，8%，5）=5.866 6，则 $i=8\%$，$n=5$ 时的资本回收系数为(　　)。
A. 0.170 5　　B. 0.680 3　　C. 0.250 5　　D. 0.107 5
8. 下列属于导致企业经营风险的因素包括(　　)。
A. 市场销售带来的风险
B. 生产成本因素产生的风险
C. 原材料供应地的政治经济情况变动带来的风险
D. 生产组织不合理带来的风险
9. 对风险进行衡量时，一般使用的指标有(　　)。
A. 概率分布　　B. 期望值　　B. 标准离差　　D. 标准离差率
10. 按照投资的风险分散理论，若 A、B 两项目的投资额相等，则(　　)。
A. 若 A、B 完全负相关，则投资组合的风险能够完全抵消
B. 若 A、B 完全正相关，则投资组合的风险等于 A、B 的风险之和
C. 若 A、B 完全正相关，则投资组合的风险不能被抵消
D. 若 A、B 项目相关系数小于 0，组合后的非系统风险可以减少
11. 在计算由两项资产组成的投资组合收益率的方差时，需要考虑的因素有(　　)。
A. 单项资产在投资组合中所占比重　　B. 单项资产的 β 系数
C. 单项资产的方差　　D. 两种资产的协方差
12. 下列有关两项资产收益率之间的相关系数表述不正确的有(　　)。
A. 当相关系数为 1 时，投资两项资产能抵消任何投资风险
B. 当相关系数为 -1 时，投资两项资产的非系统风险不可以充分抵消
C. 当相关系数为 0 时，投资两项资产的组合可以降低风险
D. 两项资产之间的相关性越大，其投资组合可分散投资风险的效果越大
13. 下列说法正确的有(　　)。
A. 无风险收益率 = 货币的时间价值 + 通货膨胀补贴率
B. 必要收益率 = 无风险收益率 + 风险收益率
C. 必要收益率 = 货币的时间价值 + 通货膨胀补贴 + 风险收益率
D. 必要收益率 = 货币的时间价值 + 通货膨胀补贴
14. 财务管理风险对策有(　　)。
A. 规避风险　　B. 减少风险　　C. 转移风险　　D. 接受风险

15. 下列关于名义利率和实际利率的说法中，正确的有(　　)。
A. 实际利率是指包括补偿通货膨胀（包括通货紧缩）风险的利率
B. 如果按照短于一年的计息期计算复利，实际利率高于名义利率
C. 名义利率是指剔除通货膨胀率后储户或投资者得到利息回报的真实利率
D. 若每年计算一次复利，实际利率等于名义利率

四、判断题

1. 当存在通货膨胀时，实际收益率不应当扣除通货膨胀率的影响，此时才是真实的收益率。(　　)
2. 递延年金终值和现值的计算都需要考虑递延期。(　　)
3. 普通年金现值系数的倒数是普通年金终值系数。(　　)
4. 对于两种证券形成的投资组合，当相关系数为 1 时，投资组合的预期值和标准差均为单项资产的预期值和标准差的加权平均数。(　　)
5. 所有资产的 β 系数都是大于等于 0 的，不可能小于 0。(　　)
6. 无论资产之间相关系数的大小如何，投资组合的风险不会高于组合中所有单个资产中的最高风险。(　　)
7. 市场风险溢酬（$R_m - R_f$）反映市场整体对风险的偏好，如果风险厌恶程度高，则（$R_m - R_f$）的值就小，β 稍有变化时，就会导致该资产的必要收益率以较小幅度变化。(　　)
8. 在风险分散过程中，随着资产组合中资产数目的增加，分散风险的效应会越来越明显。(　　)

五、思考题

1. 简述资金时间价值在现实生活中的运用。
2. 递延年金现值的计算方法有哪几种？
3. 简述反求利率的步骤。
4. 当相关系数等于 1 和相关系数等于 -1 时，两项投资的投资报酬率分别是何种情形？
5. 简述财务风险产生的原因。

第三节　职业能力基础训练

1. 某人拟购房，开发商提出两种方案，一种方案是现在一次性付 80 万元，另一种方案是 5 年后付100 万元，若目前的银行存款利率是 7%，请分别用终值和现值进行判断，此人应如何付款？

2. 有甲、乙两台设备可供选用，甲设备的年使用费比乙设备低 2 000 元，但价格高于乙设备 8 000 元。若资本成本（利率）为 10%，甲设备的使用期长于多少年时选用甲设备才是有利的？

3. 某人于第一年年初向银行借款 30 000 元，预计在未来每年年末偿还借款 6 000 元，连续 10 年还清，则该项贷款的年利率为多少？

4. 某人年初向银行存入 1 000 元，假设银行按每年 10% 的复利计息，每年年末取出 200 元，则最后一次能够足额提取出 200 元的时间是多少年以后？

5. 假设以 10% 的利率借款 200 000 元，投资于某个寿命为 5 年的项目，要想该项目有利可图，每年至少要收回多少元的现金企业才不会亏损？

6. 某企业年初花 10 000 元购得 A 公司股票，至今为止收到 100 元的股利，预计未来一年股票价格为 11 000 元的概率是 50%，股票价格为 12 000 元的概率是 30%，股票价格为 9 000元的概率是 20%，该企业的预期收益率是多少？

7. 假如某人 5 年后想买一枚价值 150 万元的钻戒向女朋友求婚，假设钻戒的价格稳定，按照年利率为 10% 的复利计算，那么从现在开始他每年应该往银行里等额存多少钱？

8. 某公司新设一家分公司，为此专门租赁一场所作为分公司的经营场所。租赁协议约定租期为 10 年，每年年初支付租金 200 000 元。公司资金预算计划一次性安排一笔专门资金作为支付分公司这 10 年场所租赁费的准备金。设这 10 年的社会平均资金成本均为 10%。

问：公司资金预算需要安排多少专门资金作为准备金？

9. 一公司同时购买 A、B、C 三种股票，其投资结构占比分别为 30%、30%、40%，β 系数分别为 1.2、0.9、1.7。设期间无风险报酬率为 8%，市场平均报酬率为 20%。试利用资本资产定价模型计算该投资组合的必要报酬率。

10. 假设甲公司有 100 万元闲置资金，打算进行证券投资。现有两种证券，A 证券的预期报酬率为 10%，标准差为 12%。B 证券的预期报酬率是 18%，标准差是 20%。假设用 80 万元投资 A 证券，20 万元投资 B 证券，且 A 和 B 的相关系数为 0.2。

要求：计算投资于 A 和 B 的组合报酬率以及组合标准差。

第四节　职业能力拓展训练

［实训一］

［实训目的］

（1）能够根据权重计算综合 β 系数，并能解释 β 系数背后的经济意义。

（2）能够灵活运用资本资产定价模型。

（3）能够运用风险收益率反求 β 系数。

［实训资料］

某公司拟进行股票投资，计划购买 A、B、C 三种股票，并分别设计了甲、乙两种投资组合。

已知三种股票的 β 系数分别为 1.5、1.0 和 0.5，它们在甲种投资组合下的投资比重分别为 50%、30% 和 20%；乙种投资组合的风险收益率为 3.6%。同期市场上所有股票的平均收益率为 10%，无风险收益率为 6%。假设资本资产定价模型成立。

［完成任务］

（1）根据 A、B、C 股票的 β 系数，分别评价这三种股票相对于市场投资组合而言的投资风险大小。

（2）计算 A 股票的必要收益率。

（3）计算甲种投资组合的 β 系数和风险收益率。

（4）计算乙种投资组合的 β 系数和必要收益率。

（5）比较甲、乙两种投资组合的β系数，评价它们的投资风险大小。

［实训二］

［实训目的］

（1）会计算期望收益率和标准差。

（2）当期望收益率不同时，会利用标准离差率来判断风险大小，做出正确的决定。

［实训资料］

A、B 两个投资项目，其材料见表 2-1。

表 2-1　A、B 两个投资项目的预测信息　　单位:%

运作情况	概率	A 项目的收益率	B 项目的收益率
良好	30	40	30
一般	40	20	15
很差	30	-20	-5

［完成任务］

（1）分别计算 A、B 两个投资项目的预期收益率。

（2）分别计算 A、B 两个投资项目的标准差，并判断哪个项目的风险大。

［实训三］

［实训目的］

（1）练习预付年金现值的计算。

（2）练习递延年金现值的计算。

（3）灵活运用两种年金来进行方案的选择。

［实训资料］

某公司准备购买一套设备，有两种付款方式可供选择：

（1）A 方案，从现在起每年年初付款 200 万元，连续支付 5 年共计 1 000 万元。

（2）B 方案，从第 6 年起，每年年初付款 300 万元，连续支付 5 年，共计 1 500 万元。假定利率为 10%。

［完成任务］

该公司应选择哪种付款方式？

［实训四］

［实训目的］

（1）能灵活运用复利现值和递延年金。

（2）通过比较投资现值和回收现值判断方案是否可行。

［实训资料］

某公司拟投资一个项目，计划明年年初开始投资，项目寿命期为 5 年。在未来 5 年内，第一年年初投入 120 万元，年末投入 200 万元。第 2 年、第 3 年、第 4 年每年年末收回 100 万元，第 5 年年末收回 110 万元。设期间社会平均资金成本为 10%。

［完成任务］

试判断此项目是否具有经济可行性。

第五节　参考答案

职业判断能力训练答案

一、填空题

1. 通货膨胀。
2. 递延年金终值。
3. 定期。
4. 普通年金现值系数。
5. 期数少 1，系数加 1。
6. 经营风险。
7. 标准离差率。
8. β 系数。

二、单项选择题

1. C	2. B	3. A	4. A	5. C
6. B	7. D	8. B	9. B	10. C
11. C	12. D	13. B	14. B	15. A

三、多项选择题

1. ABD	2. AD	3. BC	4. ABC	5. AB
6. BC	7. AC	8. ABD	9. CD	10. CD
11. ACD	12. ABD	13. ABC	14. ABCD	15. BD

四、判断题

1. ×	2. ×	3. ×	4. √	5. ×
6. √	7. ×	8. ×		

五、思考题

1. 资金时间价值在现实生活中的运用非常广泛。比如计算分期存入的住房公积金，到期时取出多少钱，可以利用年金终值的计算；比如某公司想要在 n 年后收回 10 万元，那么现在每期至少收回多少钱才能不亏，可以利用偿债基金的计算得出；再比如某人想要买房，房产商提供两种支付款项的方式，一种是现在全款支付 100 万元，另一种是分期支付，每年支付 6 万元，共支付 20 年，那么此人可以利用年金现值的方式来选择。总之，资金时间价值非常实用，在现实生活中运用非常广泛。

2. 递延年金现值的计算，本书介绍了两种方法：

第一种方法是先将除递延期以外的 n 期视为普通年金，求得其在第 n 期年金终值，然后再将这个 n 期的年金终值，折现到第 0 期（折现期数为 $n+m$ 期），求得的现值就是递延年金的现值。

第二种方法是先求出 n 期年金的现值，再从 m 期的期末采用求复利现值的方式将 n 期年金的现值折现到 m 期的期初（即 0 点），求得的现值就是递延年金的现值。

3. 反求利率可分为以下几个步骤：

（1）根据题意列出相应的等式；

（2）求出已知 n 期和未知 i 对应的终值或现值系数；

（3）查阅相应终值或现值系数表，找出已知 n 期、与已知终值或现值系数相邻的两个终值或现值及其对应的 i；

（4）根据各自对应关系，列出关系式；

（5）用内插法求出未知的 i（此时内插法的要点是利率差之比等于系数差之比）。

4. 一般来说，相关系数具有变化的区间，在［-1，1］内变化。

当 相关系数等于1时，表明两项资产的收益率具有完全正相关的关系，即它们的收益率变化方向和变化幅度完全相同。这时，两项资产的风险完全不能互相抵消，所以这样的组合不能降低任何风险；

当相关系数等于-1时，表明两项资产的收益率具有完全负相关的关系，即它们的收益率变化方向和变化幅度完全相反。这时，两项资产的风险可以充分抵消甚至完全消除，所以这样的组合可以最大限度地抵消风险。

5. 财务风险也称为筹资风险或融资风险，是指由于企业过度负债而可能给企业财务成果带来的不利影响。企业适度举债是有必要的，负债可以带来财务杠杆效应，但是过度举债虽然暂时解决了企业的资金链问题，利息和本金的支付却必定会给企业带来相当大的财务压力。

财务风险产生的原因主要有以下几种：首先是未来的投资回报率具有不确定性，如果资金利润率低于资金成本，那么利息的支付将给企业形成沉重的财务负担；其次是如果不能合理预算还债时点或现金流出现意外，过重的债务包袱可能使企业无法按时还债，从而导致债务违约风险甚至破产风险；最后是过度负债还将影响企业的资本结构，过高的资产负债率也可能会使潜在的投资、合作伙伴望而却步，一旦资金断流，同样可能给企业带来财务风险。

职业能力基础训练答案

1. 用终值比较：

方案一的终值：$F=800\ 000\times(1+7\%)^{5}$

或 $F=800\ 000\times(F/P,7\%,5)=800\ 000\times1.402\ 6=1\ 122\ 080$（元）

方案二的终值：$F=1\ 000\ 000$ 元

所以应选择方案二。

用现值比较：

方案二的现值：$P=1\ 000\ 000\times(1+7\%)^{-5}$

或 $P=1\ 000\ 000\times(P/F,7\%,5)=1\ 000\ 000\times0.713=713\ 000$（元）

方案一的现值：$P=800\ 000$ 元

按现值比较，仍是方案二较好。

2. 当甲设备每年节约的费用现值之和大于甲、乙期初差价时，选择甲设备才有利。

令 $2\ 000\times(P/A,10\%,n)=8\ 000$，得出：

$(P/A,10\%,n)=4$

列出年份与系数的关系，并利用插值法：

5　3.79

n　4

6　4.355

$$\frac{n-5}{6-5}=\frac{4-3.79}{4.355-3.79}$$

得出 $n=5.37$。即当甲设备的使用期长于 5.37 年时选用甲设备才是有利的。

3. 这一题相当于是现值为 30 000 元，年金为 6 000 元，n 为 10 年的反求利率的问题。

$6\ 000\times(P/A,\ i,\ 10)=30\ 000$，即

$(P/A,\ i,\ 10)=30\ 000/6\ 000=5$

15%　5.018

i　5

16%　4.833

$$\frac{i-15\%}{16\%-15\%}=\frac{5-5.018}{4.833-5.018}$$

得出 $i=15.097\%$。即该项贷款的年利率应该为 15.097%。

4. 题目问最后一次能够足额提取出 200 元的时间是多少年以后，实际上是已知现值、年金和利率，反求 n。

$1\ 000=200\times(P/A,\ 10\%,\ n)$，

$(P/A,\ 10\%,\ n)=1\ 000/200=5$

列出年份与系数的关系，并利用插值法：

7　4.868

n　5

8　5.334

$$\frac{n-7}{8-7}=\frac{5-4.868}{5.334-4.868}$$

得出 $n=7.28$。即最后一次能够足额提取出 200 元的时间是 7 年以后。

5. $A\times(P/A,\ 10\%,\ 5)=200\ 000$

$A=200\ 000/(P/A,\ 10\%,\ 5)=200\ 000/3.790\ 8=52\ 759.31$（元）

即每年至少要取得 52 759.31 元，项目才有利可图。

6. $1\ 000\div10\ 000\times50\%+2\ 000\div10\ 000\times30\%-1\ 000\div10\ 000\times20\%=9\%$

7. $A\times(F/A,\ 10\%,\ 5)=1\ 500\ 000$

$A=1\ 500\ 000/(F/A,\ 10\%,\ 5)=1\ 500\ 000/6.105=245\ 700.25$（元）

即此人从现在开始每年至少要往银行里存 245 700.25 元才能在 5 年后取出 150 万元。

8. $P_A=200\ 000\times\{[P/A,\ 10\%,\ (10-1)]+1\}$

$=200\ 000\times(5.759+1)$

$=1\ 351\ 800$（元）

即公司资金预算需要安排 1 351 800 元专门资金作为准备金。

9. 组合 β 系数 $=30\%\times1.2+30\%\times0.9+40\%\times1.7=1.31$

该投资组合的必要报酬率 $=8\%+1.31\times(20\%-8\%)=23.72\%$

即该投资组合的必要报酬率为 23.72%。

10. 组合报酬率 $=10\%\times0.8+18\%\times0.2=11.6\%$

组合标准差 $=\sqrt{(0.8\times12\%)^2+(0.2\times20\%)^2+2\times(0.8\times12\%)\times(0.2\times20\%)\times0.2}$

$=11.11\%$

职业能力拓展训练答案

［实训一］

（1）A 股票的$\beta>1$，说明 A 股票所承担的系统风险等于市场投资组合风险的 1.5 倍；

B 股票的$\beta=1$，说明 B 股票所承担的系统风险等于市场投资组合的风险；

C 股票的$\beta<1$，说明 C 股票所承担的系统风险等于市场投资组合风险的 50%。

（2）A 股票的必要收益率 = 6% + 1.5 ×（10% − 6%）= 12%

（3）甲种投资组合的β系数 = 1.5 × 50% + 1.0 × 30% + 0.5 × 20% = 1.15

甲种投资组合的风险收益率 = 1.15 ×（10% − 6%）= 4.6%

（4）乙种投资组合的β系数 = 3.6% /（10% − 6%）= 0.9

乙种投资组合的必要收益率 = 6% + 3.6% = 9.6%

或者：乙种投资组合的必要收益率 = 6% + 0.9 ×（10% − 6%）= 9.6%

（5）甲种投资组合的β系数（1.15）大于乙种投资组合的β系数（0.9），说明甲种投资组合的系统风险大于乙种投资组合的系统风险。

［实训二］

（1）A 项目的预期收益率 = 30% × 40% + 40% × 20% − 30% × 20% = 14%

B 项目的预期收益率 = 30% × 30% + 40% × 15% − 30% × 5% = 13.5%

（2）A 项目的标准差 $= \sqrt{(40\% - 14\%)^2 \times 0.3 + (20\% - 14\%)^2 \times 0.4 + (-20\% - 14\%)^2 \times 0.3}$

$= 23.75\%$

B 项目的标准差 $= \sqrt{(30\% - 13.5\%)^2 \times 0.3 + (15\% - 13.5\%)^2 \times 0.4 + (-5\% - 13.5\%)^2 \times 0.3}$

$= 13.61\%$

A 项目的标准离差率 = 23.75% / 14% = 1.70

B 项目的标准离差率 = 13.61% / 13.5 = 1.01

根据标准离差率判断，A 项目的风险更大。

［实训三］

A 方案的现值 = 200 × [（P/A，10%，5 − 1）+ 1] = 200 × 4.169 9 = 833.98（万元）

B 方案的现值 = 300 ×（P/A，10%，5）×（P/F，10%，5）

= 300 × 3.790 8 × 0.620 9 = 706.11（万元）

因为 B 方案的现值小于 A 方案的现值，所以应该选择 B 方案。

［实训四］

比较投资额和回收额的现值：

投资额的现值 = 120 + 200 ×（P/F，10%，1）

= 120 + 200 × 0.909 1 = 301.82（万元）

回收额的现值 = [100 ×（F/A，10，4）+ 10]（P/F，10%，5）

= [（100 × 4.641）+ 10] × 0.620 9 = 294.37（万元）

由于 301.82 大于 294.37，显然，此项目在考虑资金时间价值后，连微利都谈不上，实质上是亏损的。即此项目完全不具有经济可行性，应予否决。

下　篇

财务管理实务

第三章

财务预测

★专业能力目标

- 理解财务预测的概念、原则、程序；
- 了解财务预测的意义和作用；
- 掌握销售预测、成本预测、利润预测和资金需要量预测的具体方法。

★社会能力目标

- 能根据学习需要查阅有关资料；
- 能够结合企业个案，进行销售、成本、利润和资金需要量的预测。

第一节　相关知识

一、财务预测概述

预测是指用科学的方法预计、推测事物发展的必然性或可能性的行为，即由过去和现在预计未来、由已知推测未知的过程，是人们认知世界的重要途径。

财务预测是指财务工作者根据企业过去一段时期财务活动的资料，结合企业现在面临和即将面临的各种变化因素，运用数理统计方法以及结合主观判断，来预测企业未来财务状况。财务预测是企业财务管理的重要环节之一，其侧重点在于改变传统的事后反映和监督管理要求，转向事前预测和决策。

财务预测是现代企业管理的一项重要内容，它是一项复杂而细致的工作，必须有计划、有步骤地进行。

二、销售预测

销售预测是在大量占有市场信息、综合考虑各种影响因素的基础上，采用适当的预测方法，以科学准确地确定销售的结果。销售预测的方法很多，常用的有趋势预测分析法、因果预测分析法、判断分析法以及市场调查法等。

1. 趋势预测分析法

趋势预测分析法又称时间序列预测法，是预测者借助数理统计的方法对按时间顺序排列的历史数据进行加工处理，据此估计与推算事物未来发展变化趋势的一种预测方法，属于定量分析法。这种方法是假设事物的发展具有一定的连续性，事物过去随时间发展变化的趋势，也是该事物今后发展变化的趋势，把事物未来的发展视作自身历史的延伸。

（1）趋势预测分析法的一般步骤。

① 确定某预测对象在某一时间系列内的趋势变动类型，如季节性变动、周期性变动等。

② 根据趋势变动类型和特点，恰当地选用时间系列值的加工处理方法，如简单平均法、移动加权平均法等。

③ 将加工处理的结果在与定性分析相结合的基础上，确定该预测对象未来一定期间的预测值。

（2）趋势预测分析法的种类。趋势预测分析法根据其采用的具体分析方法的不同，又可分为简单平均法、移动加权平均法、指数平滑法等。

① 简单平均法。简单平均法又称算术平均法，是指以过去若干期的销售量或销售额的算术平均数作为计划期的销售预测值的一种预测方法。其计算公式为

$$\text{计划期销售预测值}（X）=\text{各期销售量}（\text{或销售额}）\text{之和}/\text{期数}$$

② 移动加权平均法。移动加权平均法是先根据过去若干期的销售资料，按近大远小的原则确定各期权数（权数用 W 表示，$W_{i+1}>W_i$），然后计算其加权平均数作为计划期的销售预测值的一种预测方法。所谓“移动”是指预测值随着时间的不断推移，计算的加权平均值也在不断向后顺延。

移动加权平均法的计算公式为

$$\text{计划期销售预测值}(X)=\sum \text{某期销售量}(\text{或销售额})\times\text{该期权数}=\sum W_iX_i$$

上述公式计算的预测值只反映计划期前一期的销售水平，为了反映近期销售的发展趋势，还应在此基础上按趋势值进行修正。趋势值用 b 来表示，其计算公式为

$$\text{趋势值}=（\text{最后移动期平均值}-\text{上期移动平均值}）\div\text{移动期}$$

由此，移动加权平均法的计算公式修正为

$$\text{计划期销售预测值}(X)=\sum W_iX_i+b$$

③ 指数平滑法。指数平滑法是指在充分考虑有关前期预测值和实际情况的基础上，利用事先确定的平滑指数预测未来销售量或销售额的一种预测方法。这种方法需导入平滑指数，其取值范围一般为0.3～0.7。指数平滑法的计算公式为

$$\text{计划期销售预测值}=（\text{平滑指数}\times\text{上期销售实际值}）+（1-\text{平滑指数}）\times\text{上期销售预测值}$$

2. 因果预测分析法

因果预测分析法是利用事物发展的因果关系来推测事物发展趋势的一种预测方法，也属

于定量分析法。它一般根据掌握的历史资料，找出预测对象的变量与其相关事物的变量之间的依存关系，来建立相应的数学模型以计算推测计划期的销售量或销售额。

3. 判断分析法

判断分析法是通过一些具有丰富实践经验的管理人员或知识渊博的经济专家，对企业一定时期内特定产品的销售情况进行综合研究，并推测和判断的一种方法。它属于定性分析法，一般适用于不具备完整可靠的历史资料，无法进行定量分析的企业。判断分析法根据其进行的方式不同，又可分为推销员判断法、综合判断法、专家判断法等。

4. 市场调查法

市场调查法是通过对某种产品所处的寿命周期阶段和消费者购买意见的详细调查，来预测该产品的销售量或销售额的一种方法，也称产品寿命周期分析法。它是定性预测分析中的一种重要方法。

三、成本预测

成本预测是根据企业未来的发展目标和现实条件，参考其他资料，利用专门方法对企业未来成本及其发展趋势所进行的推测和估算。成本预测的方法有历史资料分析法、因素预测法、定额测算法和预计成本测算法等。

1. 历史资料分析法

历史资料分析法是指在掌握本企业有关成本的历史资料的基础上，按照成本习性的原理，采用一定方法进行数据处理，建立数学模型预测总成本发展趋势的一种方法。成本的发展趋势一般可用直线方程表示，即

$$y = A + bx$$

式中 y——产品总成本；

A——固定成本；

b——单位变动成本；

x——产量。

确定 A 和 b 两参数后即可利用该模型预测产品总成本，而确定 A 和 b 的方法主要有：高低点法、加权平均法和回归直线法。

（1）高低点法。高低点法是根据一定时期的历史资料中最高和最低产量成本的差额（用 Δy 表示）与最高和最低产量的差额（用 Δx 表示）之比，求出单位变动成本 b，然后求出固定成本 A，A 和 b 求出后，将其代入数学模型 $y = A + bx$，即可求得计划期产品总成本及单位成本的预测值。

（2）加权平均法。加权平均法是根据过去若干时期的单位变动成本和固定成本总额的历史资料，按其距离计划期远近分别赋予相应权重 W_i，并计算加权平均值，从而求得 A 与 b 的一种方法。

（3）回归直线法。回归直线法是根据过去若干期的产量和成本资料，应用数学上最小平方原理来分析确定成本预测方程式 $y = A + bx$，从而求得 A 与 b。其具体计算公式为

$$A = \left(\sum y - b\sum x\right)/n$$

$$b = \left(n\sum xy - \sum x\sum y\right)/\left[n\sum x^2 - \left(\sum x\right)^2\right]$$

2. 因素预测法

因素预测法是通过分析与当前产品有关的各种因素对成本指标的相对影响，来预测产品的未来成本的一种定量分析方法。因素涉及技术进步、劳动生产率变动以及物价变动等。如果在预测期内某因素发生变化，而这些因素变化只涉及成本项目的变化，则预测期内产品单位成本可表示为

$$y = c(1 + \sum A_i m_i)$$

式中 y——预测期内产品单位成本；

c——基期产品单位成本；

A_i——某因素在基期成本中所占比例；

m_i——该因素在预测期内上升或下降的比例。

3. 定额测算法

定额测算法是指利用定型产品的各种消耗定额及成本价格水平等资料，预计测算现有产品生产成本的一种定量分析方法。

4. 预计成本测算法

预计成本测算法一般用于新产品成本预测或改型产品成本预测。对新产品成本预测，主要是根据设计、工艺和劳动部门提供的有关新产品资料，考虑多种可能并参考试产阶段有关参数进行估算，或是按系列产品成本资料进行类推；对于改型产品成本预测，可在原有成本资料的基础上，只对改变部分的设计、工艺或配件方案的成本进行预计和估算。

四、利润预测

利润预测是企业确定计划期目标并选择实现目标利润最佳途径的过程。它是企业编制期间预算的基础，也是财务预测的基本内容。利润预测的具体方法很多，本书重点介绍本量利分析法。

1. 相关指标

本量利分析法是根据商品销售数量、成本和利润之间的函数关系预测某项财务指标的一种方法。运用这种方法预测企业利润须熟悉以下指标的含义及其计算技术。

（1）固定成本和变动成本。固定成本是指与商品产销数量没有直接联系，在一定时期和一定产销数量内其发生总额保持相对稳定不变的成本；变动成本是指其发生总额随商品产销量的增减变化而相应变动的成本。

企业的总成本的构成为

总成本 = 固定成本 + 变动成本

= 固定成本 + 单位变动成本 × 产销量

（2）边际贡献和边际贡献率。边际贡献又称边际利润或贡献毛益，是指销售收入减去变动成本以后的金额。边际贡献抵偿固定成本以后的剩余部分就是利润总额。

边际贡献及边际贡献率的计算公式为

边际贡献 = 销售收入 − 变动成本

= （销售价格 − 单位变动成本） × 销售数量

= 单位边际贡献 × 销售数量

= 固定成本 + 利润

边际贡献率 = 边际贡献 ÷ 销售收入

变动成本率 = 变动成本 ÷ 销售收入

= 单位变动成本 ÷ 销售单价

边际贡献率 + 变动成本率 = 1

2. 盈亏临界点分析

（1）盈亏临界点的预测。盈亏临界点也称保本点、损益平衡点，是指企业处于不亏不赚，即利润总额为0的状态。表示盈亏临界点的方法有两种：一种是用实物数量表示，即盈亏临界点销售量；另一种是用货币金额来表示，即盈亏临界点销售额。盈亏临界点销售量（额）是企业利润总额为0时的销售量（额），当达到企业的盈亏临界点销售量（额）时，企业既不亏损也不盈利；当企业的销售量（额）大于盈亏临界点销售量（额）时，企业盈利；当企业的销售量（额）小于盈亏临界点销售量（额）时，企业亏损。

盈亏临界点销售量（额）的计算公式为

盈亏临界点销售量 = 固定成本总额/（单位产品销售价格 - 单位变动成本）

= 固定成本总额/单位边际贡献

盈亏临界点销售额 = 固定成本总额/边际贡献率

该公式适用于产销单一产品的企业。

（2）安全边际和安全边际率。安全边际是指实际或预计业务量超过盈亏临界点业务量的差额，标志着企业销售的安全程度，即距离盈亏临界点的距离。安全边际率是指安全边际与实际或预计销售量（额）的比值。

安全边际的表现形式有安全边际量、安全边际额和安全边际率。

安全边际量 = 实际或预计销售量 - 盈亏临界点销售量

安全边际额 = 实际或预计销售额 - 盈亏临界点销售额

安全边际率 = 安全边际销售量 ÷ 实际或预计销售量 × 100%

借助安全边际指标，可以得出利润指标。

利润 = 单位边际贡献 × 安全边际销售量

= 边际贡献率 × 安全边际额

3. 预测目标利润额

目标利润 = 销售收入 - 变动成本 - 固定成本

= 边际贡献 - 固定成本

= 销售收入 ×（1 - 变动成本率）- 固定成本

= 边际贡献率 × 销售单价 × 销售量 - 固定成本

4. 预测实现目标必须达到的经济指标

影响企业利润的主要经济指标有产品销售数量、销售价格、固定成本、变动成本等。为了保证目标利润的实现，企业可以从提高销售价格、降低变动成本、增加销售量、降低固定成本总额等几个方面采取相应措施。

五、资金需要量预测

资金需要量预测是根据成本、业务量、利润同资金之间的相互关系，在采用特定方法对有关历史资料进行分析、计量的基础上，把握资金增减变动的基本规律和趋势，进而推算为保证实现企业未来一定期间的经营目标所需要的资金数量。资金需要量预测常用的方法有销售百分比法和回归分析法，本书主要介绍销售百分比法。

1. 销售百分比法的含义

销售百分比法是根据财务报表中有关项目与销售收入之间的依存关系预测资金需要量的一种方法。该方法假设在一定的销售收入范围内，财务报表中的敏感项目与销售收入之间的百分比保持不变，非敏感项目的数额保持不变。其中，敏感项目是指通过历史资料判断随销售收入变动而变动的资产和负债项目。

2. 销售百分比法的步骤

（1）确定随销售额变动的资产和负债项目。

（2）确定有关项目与销售额的比例关系，并编制成表。

（3）按下列公式计算预测期需要追加的资金数额：

计划期预计需要追加的资金数额 = $(A/S_0 - L/S_0)(S_1 - S_0) - DEP_1 - S_1R_0(1 - d_1) + M_1$

式中 S_0——基期的销售收入总额；

S_1——预测期的销售收入总额；

A/S_0——基期随着销售额增加而自动增加的资产项目占销售总额的百分比；

L/S_0——基期随着销售额增加而自动增加的负债项目占销售总额的百分比；

$(A/S_0 - L/S_0)$——销售额每增加1元所需追加的资金数额；

DEP_1——计划期提取的固定资产折旧减去用于更新改造后的金额；

R_0——基期的税后销售利润率；

d_1——预测期的股利发放率；

M_1——预测期的零星资金需要量。

第二节 职业判断能力训练

一、填空题

1. 财务预测是指财务工作者根据企业过去一段时期________活动的资料，结合企业现在面临和即将面临的各种变化因素，运用数理统计方法以及结合主观判断，来预测企业未来________。

2. 财务预测作为财务管理的一个重要环节，其内容包括________、________、________、________等。

3. 财务预测的原则包括________、________、________以及________。

4. 财务预测的基本程序包括________、________、________、________、________、________、________。

5. 财务预测的方法大体可归纳为________和________两大类。

6. 销售预测分析的方法很多，常用的有________、________、________以及________等。

7. 成本预测的方法有________、________、________和________等。

8. 资金需要量预测常用的方法有两种：一是________；二是________。

二、单项选择题

1. 财务预测方法分为两大类：定量分析法和（ ）。

A. 平均法　B. 定性分析法

C. 回归分析法　D. 指数平滑法

2. 预测分析的内容不包括（ ）。

A. 销售预测　B. 利润预测

C. 资金需要量预测　D. 所得税预测

3. 财务预测的主要内容是（ ）。

A. 销售预测　B. 利润预测

C. 资金需要量预测　D. 成本预测

4. 销售预测的趋势预测分析法中，不包括（ ）。

A. 综合判断法　B. 简单平均法

C. 移动加权平均法　D. 指数平滑法

5. 甲公司采用简单平均法，以过去三期的销售量或销售额的算术平均数作为计划期的销售预测值，已知甲公司2016年第一季度3个月的销售额分别为200万元、300万元和400万元，则2016年4月的销售额预测为（ ）万元。

A. 200　B. 300　C. 400　D. 500

6. 财务预测的第一个步骤是（ ）。

A. 选择预测方法　B. 确定预测目标　C. 收集资料　D. 分析资料

7. 以下不属于判断分析法的是（ ）。

A. 专家判断法　B. 推销员判断法　C. 综合判断法　D. 市场调查法

8. 如果其他因素不变，只有单价发生变动，则会使安全边际（ ）。

A. 不变　B. 不一定变动　C. 同方向变动　D. 反方向变动

9. 销售收入为20万元，边际贡献率为60%，其变动成本总额为（ ）万元。

A. 8　B. 12　C. 4　D. 16

10. 销售百分比法是预测企业未来融资需求的一种方法。下列关于应用销售百分比法的说法中，错误的是（ ）。

A. 根据预计存货/销售百分比和预计销售收入，可以预测存货的资金需求

B. 根据预计应付账款/销售百分比和预计销售收入，可以预测应付账款的资金需求

C. 根据预计金融资产/销售百分比和预计销售收入，可以预测可动用的金融资产

D. 根据预计销售净利率和预计销售收入，可以预测净利润

三、多项选择题

1. 财务预测作为财务管理的一个重要环节，其内容包括（ ）。

A. 收入预测　B. 成本预测　C. 利润预测　D. 资金预测

2. 财务预测的原则包括（ ）。

A. 相似性原则　B. 相关性原则　C. 延续性原则　D. 统计规律性原则

3. 财务预测方法有（ ）。

A. 定量预测分析法　B. 定性预测分析法

C. 定性与定量预测分析法　D. 数据预测分析法

4. 销售预测分析的方法很多，常用的有(　　)。
   A. 趋势预测分析法 B. 因果预测分析法 C. 判断分析法 D. 定额测算法
5. 销售预测中的趋势预测分析法包括(　　)。
   A. 算术平均法 B. 几何平均法 C. 移动加权平均法 D. 指数平滑法
6. 判断分析法根据其进行的方式不同，又可分为(　　)。
   A. 推销员判断法 B. 综合判断法 C. 专家判断法 D. 集体判断法
7. 成本预测的方法有(　　)。
   A. 历史资料分析法 B. 因素预测法 C. 预计成本测算法 D. 定额测算法
8. 较大的平滑指数可用于(　　)情况的销售预测。
   A. 近期 B. 远期 C. 波动较大 D. 波动较小
9. 影响企业利润的主要经济指标有产品销售数量、销售价格、固定成本、变动成本等。以下方法可提高企业利润的是(　　)。
   A. 提高销售单价 B. 降低固定成本总额
   C. 增加销售量 D. 降低销售量
10. 假定A公司只生产甲产品，固定成本为20 000元，单位变动成本为120元/台，销售单价为200元，计划期预计销售500台。下列选项正确的是(　　)。
   A. 边际贡献为40 000元 B. 边际贡献率为60%
   C. 安全边际量为250件 D. 盈亏临界点销售额为50 000元

四、判断题

1. 定量分析法是根据人们的主观分析判断断定未来的估计值。(　　)
2. 高低点法属于定性分析方法。(　　)
3. 资金需要量预测常采用销售百分比法。(　　)
4. 在保本点不变的情况下，如果销售量超过保本点，则销售量越大，亏损越大。(　　)
5. 采用趋势分析法对未来进行预测，对不同时期的资料采用不用的权数，越是远期，权数越大。(　　)
6. 成本预测的方法有目标成本预测法、历史成本预测法和因素变动预测法。(　　)
7. 销售百分比法是根据财务报表中有关项目与销售收入之间的依存关系预测资金需要量的一种方法。(　　)
8. 定额测算法是预测资金需要量的一种主要方法。(　　)

五、思考题

1. 简述财务预测的基本程序。
2. 何谓趋势预测分析法？如何应用趋势预测分析法？
3. 何谓销售百分比法？如何应用销售百分比法？
4. 何谓财务预测？财务预测的内容有哪些？
5. 何谓本量利分析法？本量利分析法的关键指标有哪些？

第三节 职业能力基础训练

1. A 公司依据过去 3 个月的销售额，采用算术平均法预测计划期的销售额。假设 A 公司在 2016 年 4—6 月某产品的销售额分别为 20 000 元、30 000 元、28 000 元，代 A 公司预测该产品在 7 月的销售额。

2. B 公司依据过去 6 个月的销售量，采用算术平均法预测计划期的销售量。假设 B 公司在 2016 年 1—6 月某产品的销售量分别为 20 台、28 台、26 台、21 台、30 台、25 台，代 B 公司预测该产品 7 月的销售量。

3. C 公司采用移动加权平均法预测计划期的销售额，移动期为 3 个月，权重分别为 0.1、0.3、0.6。假设 C 公司在 2016 年 1—6 月某产品的销售额分别为 18 000 元、15 000 元、22 000元、20 000 元、30 000 元、28 000 元，代 C 公司预测该产品在 7 月的销售额。

4. D 公司 6 月销售额预测值为 27 000 元，实际销售额为 28 000 元，平滑指数为 0.6，请代 D 公司用指数平滑法预测 7 月的销售额。

5. E 公司在 2012—2016 年的 5 年中，某产品的生产量分别为 28 台、26 台、21 台、30 台、25 台；成本总额分别为 20 000 元、18 500 元、18 000 元、23 400 元、22 000 元。请用高低点法代 E 公司推算出该产品的成本模型。

6. F 公司在 2012—2016 年的 5 年中，某产品的固定成本分别为 2 000 元、3 000 元、2 200元、2 500 元、2 400 元；单位变动成本分别为 800 元、700 元、750 元、850 元、900 元。请用加权平均法（假定过去 5 年的权重分别为 0.05、0.10、0.15、0.20、0.50）代 F 公司推算出该产品的成本模型。

7. G 公司生产某种产品，月固定成本为 2 000 元，销售单价为 10 元，单位变动成本为 6 元,本月计划销售 800 件，问目标利润是多少？

8. H 公司生产某种产品，月固定成本为 5 000 元，销售单价为 100 元，单位变动成本为 80 元，本月销售 800 件，问边际贡献、盈亏临界点销售量、盈亏临界点销售额分别是多少？

9. I 公司经营资产、经营负债与销售总额之间存在着稳定的百分比关系，经营资产销售百分比为 75%，经营负债销售百分比为 15%，假设下一年度销售收入将增加 1 000 万元，则下一年度增加的资金需求预计为多少？

10. J 公司 2016 年销售收入为 100 万元，税后净利 10 万元，发放了股利 5 万元，净经营资产为 80 万元，金融资产为 5 万元（均为可动用金融资产），预计 2017 年销售收入为 160 万元，计划销售净利率和股利支付率与 2016 年保持一致，若该净经营资产周转率预计保持 2016 年水平，则 2017 年外部融资需要量为多少？

第四节 职业能力拓展训练

［**实训一**］

［实训目的］

本量利分析。

［实训资料］

甲公司研发出一种新产品，该产品投资项目已进行可行性分析，厂房建造和设备购置安装工作也已完成，新产品将于2017年开始生产并销售，目前甲公司正对该项目进行盈亏平衡分析，相关资料如下：

（1）专利研发支出资本化金额200万元，专利有效期10年，预计无残值，采用直线法计提摊销；建造厂房使用的土地使用权，取得成本1 000万元，使用年限50年，预计无残值，采用直线法计提摊销；生产用厂房建造成本400万元，折旧年限40年，预计无残值，采用直线法计提摊销；生产设备购置成本200万元，折旧年限10年，预计净残值率10%，两种资产均采用直线法计提折旧。

（2）新产品销售价格每件100元，每年销售10万件，每件材料成本20元，变动制造费用10元，包装成本3元。公司管理人员实行固定工资制，生产工人和销售人员实行基本工资加提成制，预计新增管理人员4人，每人每年固定工资9.25万元；新增生产工人25人，人均每年固定工资2万元，生产计件工资每件2元；新增销售人员5人，人均每年固定工资2万元，销售提成每件5元。每年新增其他费用：财产保险费4万元，广告费50万元，职工培训费10万元，其他固定费用11万元。（假设年生产量等于年销售量）

［实训要求］

应用本量利分析法为该公司做出财务预测。

［完成任务］

（1）计算新产品的年固定成本总额和单位变动成本。

（2）计算新产品的单位边际贡献、边际贡献、边际贡献率以及变动成本率。

（3）计算新产品的盈亏临界点年销售量、安全边际率和年息税前利润。

［实训二］

［实训目的］

销售收入预测。

［实训资料］

乙公司2016年上半年某产品销售情况如表3-1所示。

表3-1　销售资料　　单位：元

月　份	1	2	3	4	5	6
产品销售额	1 200	1 360	1 800	1 540	1 650	1 750

［实训要求］

为该公司做出销售预测。

［完成任务］

（1）按照简单平均法计算乙公司该产品7月的预测销售额。

（2）按照移动加权平均法（移动期采用3个月，近三期权重分别为0.2、0.3、0.5）计算乙公司该产品7月的预测销售额。

（3）假设6月销售预测值为1 800元，平滑指数为0.7，用平滑指数法预测7月销售额。

［**实训三**］

［实训目的］

成本预测。

［实训资料］

丙公司最近5年生产某产品的历史数据如表3-2所示，假定2××6年计划产量为25台。

表3-2　产品历史数据

年　度	产量 x/台	固定成本 A/元	单位变动成本 b/元·台$^{-1}$	成本总额 y/元
2××1	10	30 000	20 000	230 000
2××2	15	40 000	18 000	310 000
2××3	20	50 000	15 000	350 000
2××4	12	40 000	17 500	250 000
2××5	18	55 000	18 500	388 000

［实训要求］

为该公司做出成本预测。

［完成任务］

（1）请用高低点法预测该产品2××6年的总成本和单位成本。

（2）假定过去5年的权重分别为0.03、0.07、0.1、0.3、0.5，请用加权平均法预测该产品2××6年的总成本和单位成本。

（3）请用回归直线法预测该产品2××6年的总成本和单位成本。

［**实训四**］

［实训目的］

资金需要量预测。

［实训资料］

丁公司2016年的销售额为800 000元，获得税后净利40 000元，已发放普通股股利20 000元，假定该公司有足够的生产能力，无须追加固定投资，该公司2016年12月31日资产负债表如表3-3所示。假定该公司在计划期（2017年度）销售收入总额可达1 200 000元，在2017年销售净利率仍为5%，并仍按基期股利支付率发放股利。另假定计划期零星资金的需要量为30 000元。

表3-3　丁公司2016年12月31日资产负债表　　单位：元

资　产	金　额	负债与权益	金　额
现　金	16 000	应付账款	120 000
应收账款	136 000	应交税费	24 000
存　货	160 000	长期借款	210 000
固定资产	240 000	普通股股本	320 000
长期投资	100 000	留存收益	66 000
无形资产	88 000		
合　计	740 000	合　计	740 000

［实训要求］

为该公司做出资金需要量预测。

［完成任务］

应用销售百分比法为该公司做出资金需要量预测。

第五节　参考答案

职业判断能力训练答案

一、填空题

1. 财务；财务状况。

2. 销售预测；成本预测；利润预测；资金需要量预测。

3. 延续性原则；相关性原则；相似性原则；统计规律性原则。

4. 确定预测目标；收集、分析资料；选择预测方法；实际进行预测；验证、评价预测结果；修正预测结果；报告预测结论。

5. 定量分析法；定性分析法。

6. 趋势预测分析法；因果预测分析法；判断分析法；市场调查法。

7. 历史资料分析法；因素预测法；定额测算法；预计成本测算法。

8. 销售百分比法；回归分析法。

二、选择题

1. B　2. D　3. C　4. A　5. B

6. B　7. D　8. C　9. A　10. C

三、多项选择题

1. ABCD　2. ABCD　3. ABC　4. ABC　5. ACD

6. ABC　7. ABCD　8. AC　9. ABC　10. AD

四、判断题

1. ×　2. ×　3. √　4. ×　5. ×

6. √　7. √　8. ×

五、思考题

1. 财务预测的基本程序如下：

（1）确定预测目标。确定预测目标即明确预测的对象和内容，也就是弄清楚预测什么。这是进行预测分析的首要工作。预测目标需要根据企业经营的总体目标来设计和选择，既不能盲目随意，也不应面面俱到。在预测目标确定的同时，还应根据预测的具体对象和内容确定预测的期限和范围。

（2）收集、分析资料。系统、准确的原始资料和数据是开展预测分析的前提条件。因此，预测目标确定后，应着手收集全面、完整、可靠的相关资料，并按一定的方法对资料进行加工分析、归纳整理，尽量从中找出与预测对象有关的各因素之间的相互依存、相互制约的关系以及事物发展的规律，从而为预测提供条件。

（3）选择预测方法。对于不同的预测对象和内容，应选用不同的预测方法。对于那些可以量化并能建立数学模型的预测对象，应反复筛选比较，选择最恰当的定量预测分析方法；对于那些缺乏定量材料无法开展定量分析的预测对象，应结合以往的经验，选择最佳的定性预测分析方法。

（4）实际进行预测。应用选定的预测分析方法，根据建立的数学模型和掌握的信息资料分别进行定量分析和定性分析，并提出实事求是的预测结果。

（5）验证、评价预测结果。经过一段时间，对上一阶段的预测结果进行检查，看其与当前实际是否相符，并分析产生差异的原因，以验证预测分析方法是否科学有效，以便在本期预测过程中加以修正。

（6）修正预测结果。应用定量预测分析法预测的结果，可能由于未考虑非量化因素而导致预测结果不准确，这就需要结合定性分析结论对预测结果进行修正。而原本用定性分析法预测的结果，往往也需用定量分析法加以修正、补充，以便使预测结果更接近实际。

（7）报告预测结论。经过上一阶段的修正、补充，最终要以一定形式通过一定程序将修正过的预测结论向企业的有关领导和部门报告。

2. 趋势预测分析法又称时间序列预测法，是预测者借助数理统计的方法对按时间顺序排列的历史数据进行加工处理，据此估计与推算事物未来发展变化趋势的一种预测方法，属于定量分析法。这种方法是假设事物的发展具有一定的连续性，事物过去随时间发展变化的趋势，也是该事物今后发展变化的趋势，把事物未来的发展视作自身历史的延伸。

应用趋势预测分析法的一般步骤是：

（1）确定某预测对象在某一时间系列内的趋势变动类型，如季节性变动、周期性变动等。

（2）根据趋势变动类型和特点，恰当地选用时间系列值的加工处理方法，如简单平均法、移动加权平均法等。

（3）将加工处理的结果在与定性分析相结合的基础上，确定该预测对象未来一定期间的预测值。

3. 销售百分比法是根据财务报表中有关项目与销售收入之间的依存关系预测资金需要量的一种方法。该方法假设在一定的销售收入范围内，财务报表中的敏感项目与销售收入之间的百分比保持不变，非敏感项目的数额保持不变。其中，敏感项目是指通过历史资料判断随销售收入变动而变动的资产和负债项目。

应用销售百分比法的步骤如下：

（1）确定随销售额变动的资产和负债项目。随着销售额的变化，经营性资产项目将占用更多的资金。随着经营性资产的增加，经营性短期债务也会相应增加，例如存货增加会导致应付账款增加，此类债务称为“自动性债务”，可以为企业提供暂时性资金。经营性资产与经营性负债的差额通常与销售额保持稳定的比例关系。经营性资产项目包括库存现金、应收账款、存货等项目；而经营性负债项目包括应付票据、应付账款、应交税费等项目，但不包括短期借款、非流动负债等筹资性负债。

（2）确定有关项目与销售额的比例关系，并编制成表。

（3）按下列公式计算预测期需要追加的资金数额：

计划期预计需要追加的资金数额 = $(A/S_0 - L/S_0)(S_1 - S_0) - DEP_1 - S_1R_0(1 - d_1) + M_1$

式中，S_0 表示基期的销售收入总额；S_1 表示预测期的销售收入总额；A/S_0 表示基期随着销售额增加而自动增加的资产项目占销售总额的百分比；L/S_0 表示基期随着销售额增加而自动增加的负债项目占销售总额的百分比；（$A/S_0-L/S_0$）表示销售额每增加 1 元所需追加的资金数额；DEP_1 表示计划期提取的固定资产折旧减去用于更新改造后的金额；R_0 表示基期的税后销售利润率；d_1 表示预测期的股利发放率；M_1 表示预测期的零星资金需要量。

4. 财务预测是指财务工作者根据企业过去一段时期财务活动的资料，结合企业现在面临和即将面临的各种变化因素，运用数理统计方法以及结合主观判断，来预测企业未来财务状况。

财务预测的内容包括销售预测、成本预测、利润预测、资金需要量预测等，其中，资金需要量预测是财务预测的主要内容。

销售预测是在对市场进行充分调查的基础上，根据市场供需情况的发展趋势，用科学的方法对影响企业销售的各种因素进行分析，测算出未来一定时期内企业各产品销售量或销售额及其变化趋势的过程。

成本预测是根据历史成本资料以及企业现有的经济、技术条件和今后的发展目标，对未来一定时间内有关产品或劳务的成本水平和趋势所进行的科学预计和推测。

利润预测是按照企业经营目标的要求，通过对影响利润变动的成本、产销量等因素的综合分析，对未来一定时期内可能达到的利润水平和变动趋势所进行的科学预计和推测。

资金需要量预测是根据历史上资金及销售等其他资料，对未来一定时间内的资金需要量所进行的科学预计和推测。

5. 本量利分析法是根据商品销售数量、成本和利润之间的函数关系预测某项财务指标的一种方法。本量利分析法的关键指标包括固定成本、变动成本、边际贡献、边际贡献率、安全边际、安全边际率以及盈亏临界点等。

其中，固定成本是指与商品产销数量没有直接联系，在一定时期和一定产销数量内其发生总额保持相对稳定不变的成本；变动成本是指其发生额随商品产销量的增减变化而相应变动的成本；边际贡献又称边际利润或贡献毛益，是指销售收入减去变动成本以后的金额；边际贡献率是指边际贡献与销售收入的比值；安全边际是指实际或预计业务量超过盈亏临界点业务量的差额，标志着企业销售的安全程度，即到盈亏临界点的距离；安全边际率是指安全边际与实际或预计销售量（额）的比值；盈亏临界点也称保本点、损益平衡点，是指企业处于不亏不赚，即利润总额为 0 的状态。

职业能力基础训练答案

1. 计划期销售额预测值（X）= 各期销售量（或销售额）之和/期数

= （20 000 + 30 000 + 28 000）/3 = 26 000（元）

2. 计划期销售量预测值（X）= 各期销售量（或销售额）之和/期数

= （20 + 28 + 26 + 21 + 30 + 25）/6 = 25（台）

3. 最后移动期平均值 = （20 000 + 30 000 + 28 000） ÷ 3 = 26 000（元）

上期移动期平均值 = （22 000 + 20 000 + 30 000） ÷ 3 = 24 000（元）

趋势值 b = （最后移动期平均值 − 上期移动平均值） ÷ 移动期

= （26 000 − 24 000） ÷ 3 = 666.67（元）

7 月的预测销售额为

$$X = \sum W_i X_i + b$$
$$=20\ 000 \times 0.1 + 30\ 000 \times 0.3 + 28\ 000 \times 0.6 + 666.67$$
$$=28\ 466.67$$ （元）

4. 7 月预测销售额 $=0.6 \times 27\ 000 + (1-0.6) \times 28\ 000$
$=27\ 400$（元）

5. 产量最高点为 2015 年的 30 台，总成本 23 400 元，最低点为 2014 年的 21 台，总成本为 18 000 元，将此数据代入方程 $y=A+bx$

可得出 $23\ 400=A+b\times 30$ 以及 $18\ 000=A+b\times 21$

进而得出 $A=5\ 400$，$b=600$，此时成本模型可表示为

$$y=5\ 400+600\ x$$

6. 计划期固定成本

$$A = \sum W_i A_i$$
$$=2\ 000\times 0.05+3\ 000\times 0.10+2\ 200\times 0.15+2\ 500\times 0.20+2\ 400\times 0.50$$
$$=2\ 430$$ （元）

$$b = \sum W_i b_i$$
$$=800\times 0.05+700\times 0.10+750\times 0.15+850\times 0.20+900\times 0.50$$
$$=842.5$$ （元/台）

此时成本模型可表示为

$$y=2\ 430+842.5x$$

7. 目标利润 = 单价 × 销量 − 单位变动成本 × 销量 − 固定成本
$=10\times 800-6\times 800-2\ 000$
$=1\ 200$（元）

8. 边际贡献 = 销售收入 − 变动成本
$=100\times 800-80\times 800=16\ 000$（元）

盈亏临界点销售量 = 固定成本总额/单位边际贡献
$=5\ 000/20=250$（件）

盈亏临界点销售额 = 固定成本总额/边际贡献率
$=5\ 000/20\%=25\ 000$（元）

9. $1\ 000\times (75\%-15\%)$
$=1\ 000\times 60\%$
$=600$（万元）

10. J 公司净经营资产占销售百分比 $=80/100=80\%$

可动用的金融资产为 5 万元。

外部融资额 = 增加的净经营资产 − 可动用金融资产 − 增加的留存收益
$=60\times 80\%-5-160\times 10\%\times (1-50\%)$
$=48-5-8$
$=35$（万元）

职业能力拓展训练答案

［实训一］

（1）专利每年摊销金额 = 200/10 = 20（万元）

土地使用权每年摊销金额 = 1 000/50 = 20（万元）

厂房每年折旧金额 = 400/40 = 10（万元）

设备每年折旧金额 = 200 ×（1 − 10%）/10 = 18（万元）

新增人员固定工资 = 9.25 × 4 + 25 × 2 + 5 × 2 = 97（万元）

新产品的年固定成本总额 = 20 + 20 + 10 + 18 + 97 + 4 + 50 + 10 + 11 = 240（万元）

单位变动成本 = 20 + 10 + 3 + 2 + 5 = 40（元）

（2）单位边际贡献 = 销售价格 − 单位变动成本

= 100 − 40 = 60（元）

边际贡献 = 销售收入 − 变动成本

= 100 × 10 − 40 × 10 = 600（万元）

边际贡献率 = 边际贡献 ÷ 销售收入

= 600 ÷ 1 000 = 60%

变动成本率 = 变动成本 ÷ 销售收入

= 40 × 10 ÷ 1 000 = 40%

（3）盈亏临界点年销售量 = 固定成本总额/单位边际贡献

= 240/60 = 4（万件）

安全边际率 =（10 − 4）/10 = 60%

年息税前利润 = 10 ×（100 − 40）− 240 = 360（万元）

［实训二］

（1）该产品 7 月的预测销售额 X =（1 200 + 1 360 + 1 800 + 1 540 + 1 650 + 1 750）/6 = 1 550（元）

（2）首先计算每月销售平均变动趋势值 b。

最后移动期平均值 =（1 540 + 1 650 + 1 750）÷ 3 = 1 646.67（元）

上期移动期平均值 =（1 800 + 1 540 + 1 650）÷ 3 = 1 663.33（元）

b =（1 646.67 − 1 663.33）÷ 3 = −5.55（元）

然后计算 7 月的预测销售额为

$$X = \sum W_i X_i + b$$

$$= 1\,540 \times 0.2 + 1\,650 \times 0.3 + 1\,750 \times 0.5 - 5.55$$

$$= 308 + 495 + 875 - 5.55 = 1\,672.45 \text{（元）}$$

（3）乙公司 7 月该产品的预测销售额 = 0.7 × 1 750 +（1 − 0.7）× 1 800

= 1 065（元）

［实训三］

（1）从表 3-2 中可以看出，产量最高点为 2 × ×3 年的 20 台，总成本 350 000 元，最低点为 2 × ×1 的 10 台，总成本为 230 000 元，将此数据代入方程 $y = A + bx$

可得出 230 000 = $A + b \times 10$ 以及 350 000 = $A + b \times 20$

进而得出 $A=110\ 000$，$b=12\ 000$，此时成本模型可表示为

$$y=110\ 000+12\ 000\ x$$

将2××6年该产品的计划产量25台代入上述方程可得

总成本的预测值 $y=110\ 000+12\ 000\times25=410\ 000$（元）

单位成本的预测值 $=410\ 000\div25=16\ 400$（元/台）

（2）计划期固定成本：

$$\begin{aligned}A &= \sum W_iA_i\\ &=30\ 000\times0.03+40\ 000\times0.07+50\ 000\times0.10+40\ 000\times0.30+55\ 000\times0.50\\ &=48\ 200\text{（元）}\end{aligned}$$

计划期单位变动成本：

$$\begin{aligned}b &= \sum W_ib_i\\ &=20\ 000\times0.03+18\ 000\times0.07+15\ 000\times0.10+17\ 500\times0.30+18\ 500\times0.50\\ &=17\ 860\text{（元/台）}\end{aligned}$$

计划期该产品总成本的预测值 $y=48\ 200+17\ 860\ x$
$=48\ 200+17\ 860\times25$
$=494\ 700$（元）

计划期该产品单位成本的预测值 $=494\ 700\div25=19\ 788$（元）

（3）确定成本预测方程式 $y=A+bx$ 中的 A 与 b，而 A 与 b 的具体计算公式为

$$A=(\sum y-b\sum x)/n$$

$$b=(n\sum xy-\sum x\sum y)/[n\sum x^2-(\sum x)^2]$$

因此，为计算 A 与 b，应首先计算 xy 和 x^2，其计算结果如表3-4所示。

表3-4　计算结果

年度	产量 x/台	成本总额 y/元	xy	x^2
2××1	10	230 000	2 300 000	100
2××2	15	310 000	4 650 000	225
2××3	20	350 000	7 000 000	400
2××4	12	250 000	3 000 000	144
2××5	18	388 000	6 984 000	324
$n=5$	$\sum x=75$	$\sum y=1\ 528\ 000$	$\sum xy=23\ 934\ 000$	$\sum x^2=1\ 193$

将表3-4中数据代入有关公式：

$$\begin{aligned}A &= (\sum y-b\sum x)/n\\ &=(1\ 528\ 000-14\ 911.76\times75)/5\\ &=81\ 923.6\end{aligned}$$

$$\begin{aligned}b &= (n\sum xy-\sum x\sum y)/[n\sum x^2-(\sum x)^2]\\ &=(5\times23\ 934\ 000-75\times1\ 528\ 000)/(5\times1\ 193-75\times75)\end{aligned}$$

$=14\ 911.76$

将 A 与 b 代入总成本公式：

计划期该产品总成本的预测值 $y = A + bx$

$= 81\ 923.6 + 14\ 911.76 \times 25$

$= 454\ 717.6$（元）

计划期该产品单位成本的预测值 $= 454\ 717.6 \div 25$

$= 18\ 188.70$（元）

［**实训四**］

（1）确定随销售额变动的资产和负债项目，本例中，敏感性项目包括现金、应收账款、存货、应付账款以及应交税费。

（2）确定有关项目与销售额的比例关系，并编制成表3-5。

表3-5　丁公司2016年12月31日资产负债表及销售百分比信息

资　产	金额/元	占销售额百分比/%	负债与权益	金额/元	占销售额百分比/%
现　金	16 000	2	应付账款	120 000	15
应收账款	136 000	17	应交税费	24 000	3
存　货	160 000	20	长期借款	210 000	*N*
固定资产	240 000	*N*	普通股股本	320 000	*N*
长期投资	100 000	*N*	留存收益	66 000	*N*
无形资产	88 000	*N*			
合　计	740 000	39	合　计	740 000	18

（3）按下列公式计算预测期需要追加的资金数额：

计划期预计需要追加的资金数额 $= (A/S_0 - L/S_0)(S_1 - S_0) - DEP_1 - S_1 R_0 (1 - d_1) + M_1$

$= (39\% - 18\%)(1\ 200\ 000 - 800\ 000) - 1\ 200\ 000 \times 40\ 000/800\ 000 \times (1 - 20\ 000/40\ 000) + 30\ 000$

$= 84\ 000 - 30\ 000 + 30\ 000$

$= 84\ 000$（元）

第四章 筹资管理

★专业能力目标

- 领会筹资的含义；
- 能够描述筹资的方式和渠道，并了解不同筹资方式的优缺点；
- 掌握个别筹资方式下资本成本的计算、综合资本成本的计算以及财务杠杆的计算。

★社会能力目标

- 能根据学习需要查阅有关资料；
- 能够利用比较加权平均资本成本法，或者每股收益无差别点分析法，通过对资本成本的计算，帮助企业选择合适的筹资方式，构建最优的资本结构，最大程度上实现股东价值最大化。

第一节 相关知识

企业筹集资金是企业筹措和集中生产经营所需资金的财务活动，是企业资金运动的起点。企业筹集资金具有必然性，其基本要求是要研究影响筹资、投资的多重因素，讲求资金筹集的综合经济效益。

一、筹集资金的概念和原则

1. 筹集资金的概念

筹集资金是指企业根据其生产经营、对外投资和调整资本结构等活动对资金的需要，通过筹资渠道和资本市场，并运用筹资方式，经济有效地筹集企业所需资金的财务活动。

2. 筹集资金的原则

（1）遵循国家法律法规，合法筹措资金。

（2）分析生产经营情况，正确预测资金需要量。

（3）合理安排筹资时间，适时取得资金。

（4）了解各种筹资渠道，选择资金来源。

（5）研究各种筹资方式，优化资本结构。

二、权益资金筹集

权益资金是企业依法筹集并长期拥有、自主支配的资本。我国企业的权益资金，包括实收资本、资本公积金、盈余公积金和未分配利润，在会计中统称“所有者权益”。

1. 吸收直接投资

（1）吸收直接投资的出资方式包括现金、实物、工业产权、土地使用权等。

（2）吸收直接投资的程序：①确定筹资数量；②寻找投资单位；③协商和签订投资协议；④取得筹集的资金。

（3）吸收直接投资的优缺点。

优点：①吸收直接投资形成自有资金有利于增强企业的信誉；②吸收的非货币资金有利于尽快形成生产能力；③吸收直接投资形成的自有资金可供企业永久使用，财务风险较低。

缺点：①资本成本较高；②容易分散控制权。

2. 发行普通股

股票是股份公司为筹集权益资金而发行的有价证券，是持股人拥有公司股份的凭证，它表示了持股人在股份公司中拥有的权利和应承担的义务。

（1）股票的特征：①不可偿还性；②参与性；③收益性；④流通性；⑤价格波动性和风险性。

（2）股票的分类。

①按投资主体分为国家股、法人股、内部职工股和社会公众个人股。

②按股东权益和风险大小分为普通股、优先股、混合股。

③按投资者身份和上市地点分为境内上市内资股、境内上市外资股和境外上市外资股。

④按发行对象和上市地区分为 A、B、H、S、N 股。

（3）股票上市。股票上市是指股份有限公司公开发行的股票经批准在证券交易所挂牌交易。《中华人民共和国证券法》规定，股份有限公司申请股票上市，应当符合以下条件：股票经中国证监会核准已公开发行；公司股本总额不少于人民币 5 000 万元（这里所称公司股本总额，是指公司公开发行股票后的股本总额，而非股票发行前的股本总额）；开业时间在 3 年以上，最近 3 年连续盈利；公司发行的股份达到公司股份总数的 25% 以上；公司股本总额超过人民币 4 亿元，其向社会公开发行股份的比例为 15% 以上；公司最近 3 年无重大违法行为，财务会计报告无虚假记载。当上市公司出现经营恶化，存在重大违法违规行为或其他原因导致不符合上市条件时，就可能停止或终止上市。

（4）普通股发行的一般程序。

①发起人认足股份、缴付股资。

②提出公开募集股份的申请。

③公告招股说明书，签订承销协议。

④招认股份，缴纳股款。

⑤召开创立大会，选举董事会、监事会。

⑥办理公司设立登记，交割股票。

（5）普通股股东的权利：①经营决策参与权；②盈余分配权；③剩余资产分配权；④优先认股权。

（6）发行普通股的优缺点。

优点：①无固定股利支付负担；②无固定到期日，无须还本；③普通股筹资风险较小；④能增强公司信誉，增强公司偿债和举债能力；⑤股价对市场变动，在一定程度上可以抵消部分通货膨胀的影响。

缺点：①资金成本较高；②新股东的增加导致分散和削弱原股东对公司控股权，同时股票上市会增加公司被收购的风险；③增加了公司保护商业秘密的难度。

3. 发行优先股

优先股是股份公司发行的具有一定优先权的股票，这里的“优先权”包括优先分配股利和优先分配公司剩余财产的权利。它既具有普通股的某些特征，又与债券有相似之处。

（1）优先股的特征。

①优先股是一种具有双重性质的证券，虽属自有资金，但却兼有债券性质。

②在法律上，优先股是企业自有资金的一部分。

③优先股股东所拥有的权利与普通股股东近似，但一般无表决权。

④优先股的股利不能像债务利息那样从税前扣除，而必须从净利润中支付。

⑤优先股类似于债券，有固定的股利并且对盈利的分配和剩余资产的求偿具有优先权。

（2）优先股的优点。

①没有固定的到期日，不用偿还本金；②股利支付率虽然固定，但无约定性，当公司财务状况不佳时，也可暂不支付，不像债券到期无力偿还本息有破产风险；③优先股属于自有资金，能增强公司信誉及借款能力；④能保持原普通股股东对公司的控制权。

三、债务资金筹集

1. 银行借款

银行借款是指企业向银行或其他非金融机构借入的、需要还本付息的款项，包括偿还期限超过 1 年的长期借款和不足 1 年的短期借款，主要用于企业构建固定资产和满足流动资金周转的需要。

（1）银行借款的种类。

①按借款期限长短分为短期借款、中期借款和长期借款。

②按借款担保条件分为信用借款、担保借款和票据贴现。

③按偿还方式可以分为一次偿还借款和分期偿还借款。

④按借款的用途可分为基本建设借款、专项借款和流动资金借款。

⑤按提供贷款的机构可以分为政策性银行贷款和商业性银行贷款。

（2）银行借款的程序：①企业提出借款申请；②银行进行审查；③签订借款合同；④企业取得借款。

（3）银行借款的信用条件。

①信贷额度。信贷额度是指借款人与银行在协议中规定的允许借款人从银行取得的最高

贷款数额。

②周转信贷协定。周转信贷协定是指银行与企业签订的最高贷款额度的协定。

③补偿性余额。补偿性余额是指银行为了降低贷款风险，要求借款企业在银行中保留按借款限额或实际借用额的一定百分比（通常为10%～20%）计算的最低存款余额。

实际利率的计算公式为

$$实际利率=\frac{名义利率}{1-补偿性余额比例}\times 100\%$$

④借款抵押。银行向信誉不好、财务风险较大的企业发放贷款时，为了降低贷款风险，通常要求企业有抵押品做担保。

（4）银行利息的支付方法。

通常，借款人可采用以下几种方法支付银行贷款利息。

①利随本清法又称为收款法，即在借款到期时向银行一次性支付利息和本金。采用这种方法的名义利率等于实际利率。其计算公式为

$$实际利率=\frac{贷款额\times 名义利率}{贷款额}=名义利率$$

②贴现法是银行向企业发放贷款时，先从本金中扣除利息部分，而到期时借款企业再偿还全部本金的一种方法。其计算公式为

$$\begin{aligned}贴息贷款实际利率&=本金\times 名义利率\div 实际借款额\\&=本金\times 名义利率\div（本金-利息）\end{aligned}$$

（5）银行借款的优缺点。

优点：①筹资速度快；②筹资弹性大；③借款成本低；④可以发挥财务杠杆作用。

缺点：①筹资风险大；②限制条款较多；③筹资数量有限。

2. 发行债券

（1）债券的分类。

①按照是否记名分为记名债券和无记名债券。

②按照是否存在抵押担保分为信用债券、抵押债券、担保债券。

③按照是否可以转换分为可转换债券和不可转换债券。

④按计息标准分为固定利率债券和浮动利率债券。

⑤按偿还方式分为定期偿还债券和不定期偿还债券。

（2）债券的发行价格。

公司债券的发行价格是发行公司（或其承销机构）发行债券时的价格，即投资者向发行公司认购其所发行债券时实际支付的价格。

决定债券发行价格的基本因素如下：

债券面额——债券名义价格；票面利率——利率越高，发行价格越高；市场利率——市场利率越高，发行价格越低；债券期限——债券期限越长，发行价格越高。

（3）发行债券的优缺点。

优点：①资本成本较低；②可以产生财务杠杆作用；③保障公司控制权。

缺点：①财务风险较高；②限制条件多；③筹资规模受制约。

3. 融资租赁

融资租赁又称财务租赁、资本租赁，是由租赁公司按照承租单位的要求融资购买设备，

并在契约或合同规定的较长期限内将设备提供给承租企业使用的租赁方式。

（1）融资租赁的特点。①融资租赁至少由三方构成：出租方、承租方和供货方；②租赁期限较长，大多为设备使用寿命的一半以上；③租赁合同比较稳定，不能中途解约；④承租企业负责设备日常的维修保养和保险，但无权自行拆卸改装；⑤租赁期满时一般由承租人出资购买；⑥承租期间，设备的风险和报酬一般都转移给了承租企业。

（2）融资租赁的形式：直接租赁、售后租回和杠杆租赁。

（3）融资租赁的程序：①做出租赁决策；②选择租赁公司；③办理租赁委托；④签订购货协议；⑤签订租赁合同；⑥办理验货及投保；⑦交付租金；⑧租赁期满的设备处理。融资租赁合同期满时，承租企业根据合同约定，对设备退租、续租或留购。

（4）融资租赁租金的计算。

①租金的构成。融资租赁的租金包括设备价款和租息两部分。

②租金的计算方法。租金的计算大多采用等额年金法。等额年金法下，通常要根据利率和租赁手续费确定一个租赁费率，作为折现率。

后付租金即于每年年末支付等额租金，计算公式为

$$A=P/(P/A,\ i,\ n)$$

先付租金即于每年年初支付等额租金，计算公式为

$$A=P/[(P/A,\ i,\ n-1)+1]$$

式中 A——每年应等额支付的租金；

P——租赁资产当前的价款；

i——折现率；

n——租期。

（5）融资租赁的优缺点。

优点：①融资租赁的实质是融资，能帮助企业解决资金短缺和想要扩大生产的问题，从而减轻购置资产的现金流量压力；②可以减少设备陈旧过时的风险；③迅速获得所需资产；④财务风险较小；⑤具有杠杆作用，租金费用可在所得税税前扣除，承租企业能享受税收方面的利益，从而提高每股收益。

缺点：①资金成本高，当公司经营不景气时会形成一项沉重的财务负担；②租期很长，且一般不可撤销，企业资金运用受到制约。

4. 商业信用

商业信用是指商品交易中的延期付款、预收货款或延期交货而形成的借贷关系，是企业之间的直接信用行为。

（1）商业信用的形式：应付账款、应付票据和预收账款。

（2）信用条件。信用条件是销货企业要求赊购客户支付货款的条件，包括信用期限、折扣期限和现金折扣。信用期限是企业为顾客规定的最长付款时间；折扣期限是为顾客规定的可享受现金折扣的付款时间；现金折扣是在顾客提前付款时给予的优惠，其目的在于鼓励顾客提前还款。

信用条件可表示为（A/b，n/c）

其中，A 表示现金折扣；b 表示折扣期；c 表示信用期。

如果销货单位提供了现金折扣，购买单位应尽量争取获得这项折扣，因为放弃现金折扣

的机会成本通常很高。放弃现金折扣成本的计算公式如下：

$$放弃现金折扣成本=\frac{现金折扣率}{1-现金折扣率}\times\frac{360}{付款期限-折扣期限}$$

（3）商业信用的优缺点。

优点：①筹资简单方便、及时；②无实际成本；③约束和限制少。

缺点：①受商品数量和规模影响，信用融资规模有限；②受商品流转方向所限，信用方向一般是卖方提供给卖方；③受生产和商品流转周期所限，融资期限较短，一般只能是短期信用；④融资范围局限于企业；⑤放弃现金折扣的资本成本很高。

四、个别资本成本的计算

资本成本是资金使用者对资金所有者转让资金使用权利的价值补偿，通常包括筹资费用和占用费用。

1. 资本成本计算的基本模式

（1）一般模式。资金成本率是指资金成本与筹资额的比率，其计算公式为

$$\begin{aligned}资金成本率&=\frac{年用资费用}{筹资总额-筹资费用}\times100\%\\&=\frac{年用资费用}{筹资总额\times（1-筹资费用率）}\times100\%\end{aligned}$$

可以用符号表示为

$$\begin{aligned}K&=\frac{D}{P-F}\times100\%\\&=\frac{D}{P（1-f）}\times100\%\end{aligned}$$

式中　K——资本成本，以百分率表示；

D——年用资费用；

P——筹资总额；

F——筹资费用；

f——筹资费用率，即筹资费用与筹资数额的比率。

（2）折现模式。对于筹资额较大、时间较长的长期资金，更准确的资金成本计算方式是折现模型，即将债务未来还本付息或股权未来现金流量的折现值与目前筹资净额相等时的折现率作为资金成本率。

由

$$目前筹资净额=未来资金清偿额现金流量现值$$

得出

$$资金成本率=所采用的折现率$$

2. 长期借款的资本成本

企业长期借款的资本成本主要包括借款利息和筹资费用。其中，借款利息在税前支付，具有减税效应。

长期借款的资本成本的计算公式为

$$K=\frac{I_L（1-T）}{L-F}\times100\%$$

$$=\frac{i\times(1-T)}{(1-f)}\times100\%$$

式中　K——长期借款的资本成本；

I_L——长期借款年利息；

T——企业所得税税率；

L——长期借款总额，即借款本金；

i——借款年利率；

F——筹资费用；

f——筹资费用率。

3. 债券的资本成本

债券的资本成本与长期借款的资本成本一样，也包括债券利息和筹资费用，其中债券利息的计算也在所得税税前支付。其筹资费用即债券发行费用，主要包括申请发行债券的手续费、债券注册费、印刷费、上市费以及推销费用等。

债券的资本成本的计算公式为

$$K_b=\frac{I_b(1-T)}{B(1-f_b)}$$

$$=\frac{B_0\times i_b\times(1-T)}{B(1-f_b)}$$

式中　K_b——债券的资本成本；

I_b——债券年利息；

i_b——债券的票面利率；

B——债券的面值；

B_0——债券筹资总额，按发行价格确定；

T——企业所得税税率；

f_b——债券筹资费用率。

4. 融资租赁的资本成本

融资租赁各期的租金中，包含有本金的各期偿还和各期手续费用。其资金成本率按折现模式计算，即目前筹资净额＝未来资金清偿额现金流量现值。一般来说，对于融资租赁而言，目前筹资净额即为设备现在的价值减去残值的现值，未来资金清偿现金流量值即为每年租金的现值之和，其中折现率即为融资租赁的资本成本。

5. 优先股的资本成本

公司发行优先股需要支付发行费用，且优先股的股息通常是固定的，因此其计算公式为

$$K_P=\frac{D_P}{P_P(1-f)}\times100\%$$

式中　K_P——优先股的资本成本；

D_P——优先股年股息，等于优先股面额乘固定股息率；

P_P——优先股筹资总额，按预计的发行价格计算。

6. 普通股的资本成本

发行普通股融资的资本成本包括每年支付的股利和发生的融资费用。

（1）股利折现模型。股利折现模型是一种将未来期望股利收益折为现值，以确定其成本率的方法。其计算公式为

$$P = \sum_{t=1}^{n} \frac{D_t}{(1+K)^t}$$

式中　P——普通股筹资净额，即发行价格扣除发行费用；

D_t——普通股第 t 年的股利；

K——折现率，即普通股资金成本率。

在普通股发行价格已知的条件下，如果能确定普通股每年股利，就可以反求出普通股成本，而普通股年股利数额会因公司具体股利政策而有所不同。

①如果公司采用固定股利政策，即每年分派的现金股利相等，则普通股资金成本率公式为

$$普通股资金成本率 = \frac{每年固定股利}{普通股发行价格 \times （1 - 筹资费用率）} \times 100\%$$

用字母表示，记为

$$K_E = \frac{D}{P_E（1-f）} \times 100\%$$

式中　K_E——普通股的资本成本；

D——每年固定的股利；

P_E——普通股发行价格；

f——筹资费用率。

②如果公司采用股利固定增长率政策，即每年现金股利都会成同比例递增，则其资金成本率计算公式为

$$普通股资金成本率 = \frac{第一年预期股利}{普通股发行价格 \times （1 - 筹资费用率）} \times 100\% + 股利固定增长率$$

用字母表示，记为

$$K_E = \frac{D_1}{P_E（1-f）} \times 100\% + g$$

式中　K_E——普通股的资本成本；

D_1——第一年预期股利；

P_E——普通股发行价格；

g——普通股股利固定增长率；

f——筹资费用率。

（2）资本资产定价模型。根据风险与收益的一般关系，普通股投资的必要报酬率等于无风险报酬率加上风险报酬率，其计算公式为

$$R_s = R_f + \beta \times （R_m - R_f）$$

式中　R_s——普通股资金成本率；

R_f——无风险报酬率；

R_m——市场组合收益率；

$（R_m - R_f）$——市场风险溢价；

β——某股票的系统性风险程度。

7. 留存收益的资本成本

留存收益是企业税后未分配利润，实质是普通股股东对企业的追加投资。一般留存收益的成本可以参照普通股资本成本。但留存收益本身就是企业的自有资金，因此一般不会发生筹资费用。

如果公司采用固定股利政策，则留存收益资金成本率公式为

$$K_r = \frac{D}{V_0} \times 100\%$$

式中 K_r——留存收益的资本成本；

D——每年支付的股利；

V_0——普通股现值，即股票的发行价格。

五、综合资本成本的计算

1. 计算公式

在比较和选择综合的筹资方案时，需要计算综合资本成本，也就是加权平均资本成本。它是以各项个别资本在企业全部资本中所占比重为权数，对个别资本成本率进行加权平均而得到的总资金成本率。其计算公式为

$$K_w = \sum_{j=1}^{n} K_j W_j$$

式中 K_w——综合资本成本（加权平均资本成本）；

K_j——第 j 种资本的个别资本成本；

W_j——第 j 种资本占全部资本的比重（权数）。

2. 降低资本成本的途径

（1）合理安排筹资期限。

（2）合理的利率预期。

（3）提高企业信誉，积极参与信用等级评估。

（4）积极利用负债经营。

六、杠杆原理

财务管理中的杠杆效应，是指由于固定费用（例如固定成本，或固定利息）的存在，导致某一财务变量以较小幅度变动时，会导致另一相关变量以较大幅度产生变动的现象。杠杆原理包括经营杠杆、财务杠杆和综合杠杆三种形式。

1. 成本习性

（1）模型。成本习性是指成本总额与业务量之间在数量上的依存关系。成本习性可归结为下列模型：$y = A + bx$

式中 y——总成本；

A——固定成本；

b——单位变动成本；

x——产销量。

（2）边际贡献。边际贡献是指销售收入减去变动成本后的余额。其计算公式为

$$\text{边际贡献总额} = \text{销售收入} - \text{变动成本}$$
$$= (\text{销售单价} - \text{单位变动成本}) \times \text{产销量}$$
$$= \text{单位边际贡献} \times \text{产销量}$$

或

$$M = px - bx = (p - b)x = mx$$

式中　M——边际贡献总额；

p——单价；

m——单位边际贡献。

（3）息税前利润。息税前利润是指企业支付利息和缴纳所得税之前的利润。其计算公式为

$$EBIT = px - bx - A = (p - b)x - A = M - A$$

式中，$EBIT$ 为息税前利润。息税前利润也可以用利润总额加上利息费用求得。

2. 经营杠杆

（1）含义和计算公式。经营杠杆是指由于固定成本的存在，而使企业的息税前利润变动率大于业务量变动率的现象。其大小可以用经营杠杆系数来表示，它是企业息税前利润的变动率与产销量（或销售收入）变动率的比率。

$$DOL = \frac{\Delta EBIT/EBIT}{\Delta(px)/px} = \frac{\Delta EBIT/EBIT}{\Delta x/x}$$

式中　DOL——经营杠杆系数；

$\Delta EBIT$——息税前利润的变动额；

Δx——产销量的变动数。

对上式加以简化得到如下公式：

$$\text{经营杠杆系数} = \frac{\text{基期边际贡献}}{\text{基期边际贡献} - \text{基期固定成本}}$$

或

$$DOL = \frac{\text{基期 } M}{\text{基期 } EBIT} = \frac{\text{基期 } M}{\text{基期 } M - A}$$

（2）经营杠杆与经营风险的关系。经营杠杆具有放大企业收入变化对息税前利润变动的影响程度，这种影响程度是经营风险的一种测度，其大小与经营风险成正比例关系。

3. 财务杠杆

（1）含义和计算公式。财务杠杆是指由于固定性资金成本的存在，而使企业的普通股收益（或每股收益）变动率大于息税前利润变动率的现象。固定性融资成本是引发财务杠杆效应的根源。财务杠杆反映了股权资金报酬的波动性，用以评价企业的财务风险。

财务杠杆系数是测算财务杠杆效应常用的指标，它等于每股收益变动率与息税前利润变动率的比。其计算公式为

$$\text{财务杠杆系数} = \frac{\text{每股收益变动率}}{\text{息税前利润变动率}}$$

或

$$DFL = \frac{\Delta EPS/EPS}{\Delta EBIT/EBIT}$$

式中 DFL——财务杠杆系数；

EPS——每股收益；

ΔEPS——每股收益的变动额。

上式经过整理可以简化为如下公式：

$$DFL = \frac{EBIT}{EBIT - I}$$

式中 I——债务年利息额。

（2）财务杠杆与财务风险的关系。财务杠杆效应具有放大企业息税前利润的变化对每股收益变动的影响程度，这种影响程度是财务风险的一种测度。财务杠杆系数越大，表明财务杠杆作用越大，财务风险也就越大；财务杠杆系数越小，表明财务杠杆作用越小，财务风险也就越小。

4. 综合杠杆

（1）含义和计算公式。综合杠杆又称总杠杆，是由经营杠杆和财务杠杆共同形成的杠杆。总杠杆是指由于固定性经营成本与固定性资金成本的存在，导致普通股每股收益变动率大于产销业务量变动率的现象。总杠杆可以用来评价企业的整体风险水平。

综合杠杆系数是经营杠杆系数与财务杠杆系数的乘积，是每股利润变动率与产销业务量变动率的比率。其计算公式为

$$\begin{aligned}\text{总杠杆系数} &= \text{经营杠杆系数} \times \text{财务杠杆系数} \\ &= \frac{\text{普通股每股利润变动率}}{\text{产销业务量变动率}}\end{aligned}$$

或

$$\begin{aligned}DCL &= DOL \times DFL \\ &= \frac{\Delta EPS/EPS}{\Delta x/x}\end{aligned}$$

经过整理，上述公式也可以简化为

$$DCL = \frac{M}{EBIT - I}$$

（2）综合杠杆与公司风险的关系。在其他因素不变的情况下，企业综合杠杆系数越大，每股利润的波动幅度越大，综合风险就越大；综合杠杆系数越小，每股利润的波动幅度越小，综合风险就越小。

七、资本结构的决策

资本结构是指企业各种资本的构成及其比例关系。狭义的资本结构是指长期资本的构成及其比例关系，本书只涉及狭义的资本结构。如何判断最优资本结构，主要有以下两种方法。

（1）比较加权平均资本成本法。该方法是通过计算不同资本结构（或筹资方案）的加权平均资本成本，进行比较和分析，以确定企业最优资本结构的一种方法。其决策步骤如下：

第一步，计算各备选方案的个别资本成本率。

第二步，计算各备选方案不同筹资方式的资本权重。

第三步，计算加权平均资本成本，比较各备选方案的加权平均资本成本率，选择最优资本结构。

比较加权平均资本成本法的优点是计算简便，通俗易懂；缺点是仅限于几种备选方案的比较，可能遗漏最优方案。

（2）每股收益无差别点分析法。企业财务管理目标即为股东财富最大化，而股东财富通常用每股收益（*EPS*）来表示。每股收益无差别点是指两种或两种以上筹资方式下普通股每股收益相等时的息税前利润点或销售收入点。其适用于解决在某一特定预期盈利水平下的融资方式选择问题，特别是在长期债务和普通股融资之间进行选择时，即可利用这种方法。其计算步骤如下：

第一步，列出不同筹资方式下的每股收益计算式。

$$EPS=\frac{(EBIT-I)\times(1-T)}{N}$$

式中　N——普通股股数；

EPS——每股收益。

第二步，令两种筹资方式的每股收益相等，式中息税前利润设为未知数。

$$\frac{(EBIT-I_1)\times(1-T)}{N_1}=\frac{(EBIT-I_2)\times(1-T)}{N_2}$$

第三步，求出上式，即求出在每股收益相等时的息税前利润 $EBIT$，这就是每股收益无差别点。

第四步，做出筹资方案的选择。

第二节　职业判断能力训练

一、填空题

1. 银行借款按借款担保条件分为信用借款、担保借款和________。

2. 债券发行条件里指出：最近三个会计年度实现的年均可分配利润不少于公司债券________年的利息。

3. 公司债券的发行方式一般有公司直接向社会发行和________两种。

4. 决定债券价格的因素有债券面额、票面利率、债券期限和________。

5. 根据《中华人民共和国证券法》的规定，股票经中国证监会核准已公开发行，公司股本总额不少于人民币________元。

6. 股票的特征有不可偿还性、________、收益性、流通性、价格波动性和风险性。

7. 商业信用的形式有应付账款、应付票据和________。

8. 资金筹集规模的定性预测方法主要有专家会议法和________。

二、单项选择题

1. 下列各项中，与债务筹资相比，属于吸收直接投资的优点的是(　　)。

A. 资本成本低　　B. 企业控制权集中

C. 财务风险低　　D. 有利于发挥财务杠杆作用

2. 出租人既出租某项资产，又以该项资产为担保借入资金的租赁方式是(　　)。

A. 直接租赁　　B. 售后回租　　C. 杠杆租赁　　D. 经营租赁

3. 目前国库券收益率为5%，市场平均报酬率为10%，而该股票的β系数为1.2，那么该股票的资本成本为(　　)。

A. 11%　　B. 6%　　C. 17%　　D. 12%

4. 某公司2012年的财务杠杆系数为1.2，2011年息税前利润为720万元，则2011年该公司的利息费用为(　　)万元。

A. 120　　B. 144　　C. 200　　D. 600

5. 相对于股权融资而言，长期银行借款筹资的优点是(　　)。

A. 财务风险小　　B. 筹资规模大

C. 限制条款少　　D. 资本成本低

6. 某企业经营杠杆系数为2，财务杠杆系数为1.2，则该企业销售额每增加1倍，就会引起每股收益增长(　　)倍。

A. 0.8　　B. 1.2　　C. 2　　D. 2.4

7. 企业进行筹资决策时需要考虑的首要问题是(　　)

A. 限制条件　　B. 财务风险　　C. 资金成本　　D. 资金期限

8. 目前，某企业普通股的市价为15元，筹资费用率为4%，本年发放现金股利每股0.3元，预期股利年增长率为10%，则该企业利用留存收益的资本成本为(　　)。

A. 12.2%　　B. 12.3%　　C. 10.2%　　D. 12.08%

9. 下列关于"杠杆"说法正确的是(　　)。

A. 经营杠杆本身是利润不稳定的根源

B. 财务杠杆本身是财务风险增大的根源

C. 财务杠杆反映的是息税前利润的变化对每股利润变化的影响

D. 财务杠杆反映的是每股盈余的变化对息税前利润变化的影响

10. 财务风险是由(　　)引起的。

A. 汇率变动　　B. 过度融资　　C. 通货膨胀　　D. 高利率

11. 权益筹资方式中个别资本成本最高的是(　　)。

A. 吸收直接投资　　B. 留存收益

C. 发行公司债券　　D. 发行普通股

12. 某企业向银行借款100万元，银行要求按照借款总额的10%保留补偿性余额，借款的利率为6%，则借款的实际利率为(　　)

A. 7.14%　　B. 6.67%　　C. 6.38%　　D. 7.28%

13. 某企业本期财务杠杆系数为2，本期息税前利润为1 000万元，则本期实际利息费用为(　　)万元。

A. 500　　B. 1 000　　C. 1 500　　D. 2 000

14. 目前我国各类企业最重要的资金来源是(　　)。

A. 银行信贷资金　　B. 国家财政资金

C. 其他企业资金　　D. 企业自留资金

15. 某企业与银行商定的周转信贷额为1 000万元，年利率为1%，承诺费为0.5%，年度内企业使用了600万元，平均使用8个月，则企业本年度应向银行支付的承诺费为(　　)万元。

A. 2　　B. 10　　C. 3　　D. 1

三、多项选择题

1. 企业自留资金包括(　　)。

A. 法定公积金　B. 任意公积金　C. 资本公积金　D. 未分配利润

2. 影响资本结构的因素包括(　　)。

A. 企业财务状况　B. 利率水平的变动趋势

C. 投资者和管理人员的态度　D. 贷款人和信用评级机构的影响

3.《中华人民共和国证券法》规定，股份有限公司申请股票上市，下列应当符合的条件表述不正确的有(　　)。

A. 公司股本总额超过人民币 3 亿元的，公开发行的股份达到公司股份总数的 10% 以上

B. 公司最近 3 年无重大违法行为

C. 公司最近 3 年财务会计报告无虚假记载

D. 公司股本总额不少于人民币 500 万元

4. 下列各项中，属于留存收益与普通股筹资方式相比的特点的有(　　)。

A. 筹资数额有限　B. 筹资费用高

C. 不会稀释原有股东控制权　D. 资金成本低

5. 筹资管理应遵循的原则有(　　)。

A. 分析生产经营情况，正确预测资金需要量

B. 合理安排筹资时间，适时取得资金

C. 研究各种筹资方式，优化资本结构

D. 遵循国家法律法规，合法筹措资金

6. 银行借款按企业取得贷款的用途划分，不包括(　　)。

A. 信用贷款　B. 担保贷款　C. 专项贷款　D. 基本建设贷款

7. 资本资产定价模型存在着(　　)等局限。

A. 以历史数据推算未来　B. 有时 β 系数难以估计

C. 没有税金假设　D. 市场不存在摩擦假设

8. 下列各项中，与放弃现金折扣成本同向变动的是(　　)。

A. 折扣期　B. 现金折扣百分比

C. 信用期　D. 信用期与折扣期之差

9. 下列表述中正确的是(　　)。

A. $EBIT$ = 边际贡献 - 固定成本

B. $EBIT$ = 边际贡献 + 固定成本

C. $EBIT$ = 销售量 × 单位边际贡献 - 固定成本

D. $EBIT$ = 销售收入 - 变动成本 - 固定成本

10. 影响经营杠杆系数的因素有(　　)。

A. 利息费用　B. 产品销售价格

C. 单位变动成本　D. 固定成本总额

11. 下列各项中，会导致公司资本成本降低的有(　　)。

A. 因总体经济环境变化，导致无风险报酬率降低

B. 企业经营风险低，财务风险小

C. 资本市场缺乏效率，证券的市场流动性低

D. 企业一次性需要筹集的资金规模大、占用资金时限长

12. 某公司经营杠杆系数为2，财务杠杆系数为3，如果产销量增加1%，则下列说法不正确的有(　　)。

A. 息税前利润将增加2%　　B. 息税前利润将增加3%

C. 每股收益将增加3%　　D. 每股收益将增加6%

13. 下列各项费用中，属于用资费用的有(　　)。

A. 借款手续费　　B. 公司债券的发行费

C. 股利　　D. 借款利息

14. 下列属于吸收直接投资的出资方式的有(　　)。

A. 以现金出资　　B. 以实物出资

C. 以工业产权出资　　D. 以土地使用权出资

15. 在事先确定企业资金规模的前提下，吸收一定比例的负债资金，可能产生的结果有(　　)。

A. 降低企业资金成本　　B. 降低企业财务风险

C. 加大企业财务风险　　D. 提高企业经营能力

四、判断题

1. 普通股筹资的风险很大。(　　)

2. 企业利用留存收益获得的资金，其使用不会受到制约。(　　)

3. 相对于发行债券筹资而言，银行借款筹资具有资本成本低、筹资风险小、能够产生财务杠杆效应等优点。(　　)

4. 如果企业的财务管理人员认为目前的利率较低，未来有可能上升，便会大量发行短期债券。(　　)

5. 周转信贷协定是银行从法律上承诺向企业提供最低贷款额的贷款协定。(　　)

6.《中华人民共和国公司法》规定，累计债券余额不能超过公司净资产的40%。(　　)

7. 如果企业无固定财务费用，则财务杠杆系数为1。(　　)

8. 个别资本成本一定的情况下，综合资本成本取决于资金总额。(　　)

9. 不考虑风险的情况下，利用每股收益无差别点进行企业资本结构分析时，当预计息税前利润低于每股收益无差别点时，采用低财务杠杆筹资方式比采用高财务杠杆筹资方式有利。(　　)

10. 一般来说，在企业初创阶段，企业筹资主要依靠债务资本，在较高程度上使用财务杠杆；在企业扩张成熟期，企业筹资主要依靠股权资本，在较低程度上使用财务杠杆。(　　)

11. 企业全部资本中，权益资本与债务资本的比是1∶1，则该企业经营风险和财务风险可以相互抵消。(　　)

12. 普通股股东依法享有公司重大决策参与权、优先认股权、优先分配剩余财产权、股份转让权等。(　　)

13. 限制企业非经营性支出，如限制购入股票和职工加薪的数额规模，属于银行借款的一般性保护条款。(　　)

14. 企业进行筹资时，首先应利用内部筹资，其次考虑外部筹资。 (　　)

15. 企业在利用商业信用筹资时，如果企业不放弃现金折扣，则没有实际成本。(　　)

五、思考题

1. 决定债券发行价格的基本因素有哪些？它们是如何对债券价格产生影响的？

2. 如何降低企业的资本成本？

3. 简述经营杠杆和财务杠杆产生的原因，以及它们的经济意义。

4. 最优资本结构的确定方法有哪些？

第三节　职业能力基础训练

1. 已知某公司采用固定股利增长率的股利政策。普通股目前的股价为 20 元/股，筹资费用率为 4%，刚刚支付的每股股利为 1 元，该公司的股票资本成本率为 9.42%，则该股票的股利年增长率为多少？

2. 某公司拟采购一批零件，供应商规定的付款条件为：10 天之内付款，付 98 万元；20 天之内付款，付 99 万元；30 天之内付款，付 100 万元。假设银行短期贷款利率为 15%，计算放弃现金折扣的成本（比率），并确定对该公司最有利的付款日期和价格。

3. 已知某企业向租赁公司租入一台设备，价值 500 万元，合同约定租赁期满时残值 5 万元归租赁公司所有，租期从 2012 年 1 月 1 日到 2017 年 1 月 1 日，租赁费率为 12%，若采用先付租金的方式，要求计算平均每年支付的租金为多少。[（P/F，12%，5）=0.567 4，（P/A，12%，4）=3.037 3，（P/A，12%，5）=3.604 8]

4. A 公司是一家生产经营甲产品的上市公司，目前拥有资金 1 000 万元，其中，普通股 75 万股，每股价格 8 元；债券 400 万元，年利率 8%；目前的销量为 24 万件，单价为 25 元，单位变动成本为 10 元，固定成本为 100 万元。该公司准备扩大生产规模，预计需要新增投资 800 万元，投资所需资金有下列两种方案可供选择：

方案一：发行债券 800 万元，年利率 10%；

方案二：发行普通股股票 800 万元，每股发行价格 16 元。

预计扩大生产能力后，固定成本会增加 82 万元，假设其他条件不变。公司适用所得税税率为 25%。

要求：

（1）计算两种筹资方案的每股收益相等时的销量水平。

（2）若预计扩大生产能力后企业销量会增加 16 万件，不考虑风险因素，确定该公司最佳的筹资方案。

5. 某公司生产系列保温杯，平均每个价格 100 元，单位变动成本 60 元/个，固定成本 60 万元。要求：

（1）计算当销售量为 2 万个、3 万个、4 万个时，公司的息税前利润分别为多少？

（2）计算上述三种情况下的经营杠杆系数。

（3）分析当销售量增加时，经营杠杆系数的变化及企业的经营风险。

6. 甲公司拟筹资 1 000 万元，现有两种筹资方式：长期借款筹资 400 万元，年利息 6%，筹资费用忽略不计；普通股筹资600万元，每股股价2元，第一年每股股利0.3元，股利增长率5%，筹资费用率4%。已知企业所得税税率为25%。

要求：

（1）分别计算两种筹资方式的资本成本；

（2）计算该企业的综合资本成本。

7. 某公司2016年销售产品10万件，单价60元，单位变动成本30元，固定成本总额200万元。公司负债60万元，年利息12%，每年需支付优先股股利10万元，所得税税率25%。要求：

（1）计算2016年边际贡献；

（2）计算2016年息税前利润总额；

（3）计算经营杠杆系数；

（4）计算财务杠杆系数；

（5）计算总杠杆系数。

8. 某公司发行普通股进行筹资，每股价格10元，共计100万股，筹资费用率5%，第一年预计发放现金股利每股0.5元，预期股利年增长率为5%。已知该公司的系统风险系数为1.3，此时短期国债利率为4%，市场平均报酬率为9%。

要求：

（1）通过两种方法计算普通股资本成本；

（2）计算留存收益的资本成本。

9. 某企业打算向银行借款500万元，银行要求按照借款总额的10%保留补偿性余额，借款的利率为6%，筹资费用率为2%，所得税税率为25%，该长期借款的实际资本成本是多少？

第四节　职业能力拓展训练

［**实训一**］

［实训目的］

（1）通过给定资料，灵活运用销售百分比法解决外部筹资问题。

（2）练习债券的资本成本计算。

（3）通过资本资产定价模型练习普通股的资本成本计算。

［实训资料］

飞腾公司为一家上市公司，有关资料如下：

资料一：

（1）2010年度的销售收入为5 000万元，销售成本为3 800万元。2011年的目标销售收入增长率为100%，且销售净利率和股利支付率保持不变。适用的企业所得税税率为25%。

（2）2010年度相关财务指标数据如表4-1所示。

表4-1　2010年度相关财务指标数据

财务指标	应收账款周转率	存货周转率	固定资产周转率	销售净利率	股利支付率
数据	8	3.8	2.5	15	1/3

（3）2010 年 12 月 31 日的比较资产负债表（简表）如表 4-2 所示。

表 4-2　飞腾公司比较资产负债表（简表）　　单位：万元

资产	2010 年年初数	2010 年年末数	负债及股东权益	2010 年年初数	2010 年年末数
现金	250	500	短期借款	550	750
应收账款	500	(*A*)	应付账款	700	(*D*)
存货	1 000	(*B*)	长期借款	1 250	1 250
可供出售金融资产	500	500	股本	120	120
固定资产	2 000	(*C*)	资本公积	1 380	1 380
无形资产	250	250	留存收益	500	(*E*)
合计	4 500	5 000	合计	4 500	5 000

（4）根据销售百分比法计算的 2010 年年末资产、负债各项目占销售收入的比重数据如表 4-3 所示（假定增加销售无须追加固定资产投资）。

表 4-3　根据销售百分比法计算的 2010 年年末资产、负债各项目占销售收入的比重数据 单位：%

资产	占销售收入比重	负债及股东权益	占销售收入比重
现金	10	短期借款	—
应收账款	(*F*)	应付账款	—
存货	(*G*)	长期借款	—
可供出售金融资产	—	股本	—
固定资产（净值）	—	资本公积	—
无形资产	—	留存收益	—
合计	(*H*)	合计	18

说明：表中用“—”表示省略的数据。

资料二：假定资本市场完全有效，该公司普通股 β 系数为 1.2，此时一年期国债利率为 4%，市场平均报酬率为 14%。

资料三：2011 年年初该公司以 1 080 元/张的价格新发行每张面值 1 000 元、五年期、票面利息率为 8%、每年年末付息、到期一次还本的公司债券。假定发行时的市场利息率为 7%，发行费用率为 2%。

[完成任务]

（1）根据资料一计算或确定以下指标：

①计算 2010 年的净利润；

②确定题目中用字母（$A \sim H$）表示的数值（不需要列示计算过程）；

③计算 2011 年预计留存收益；

④按销售百分比法预测该公司 2011 年需要增加的资金数额（不考虑折旧的影响）；

⑤计算该公司 2011 年需要增加的外部筹资数据。

（2）根据资料二，计算该公司普通股的资本成本。

（3）根据资料三，计算新发行公司债券的资本成本（一般模式）。

[实训二]

[实训目的]

（1）练习普通股与债券的个别资本成本计算。

（2）练习在追加筹资的情况下，当资本成本、资本结构都发生改变时，企业如何进行筹资方案的选择。

［实训资料］

某公司原来拥有普通股每股面值1元，发行价格10元，目前价格也为10元，今年期望股利为1元/股，预计以后每年增加股利5%。该企业所得税税率假设为30%，假设发行的各种证券均无筹资费。目前的资本结构：负债800万元，利息率10%；普通股每股面值1元，发行价10元，共80万股，金额是800万元；资金总计1 600万元。

［实训要求］

进行筹资决策。

［完成任务］

企业要筹资400万元，以扩大生产经营规模，现有如下三个方案可供选择：

甲方案：增加发行400万元的债券，因负债增加，投资人风险加大，债券利润增至12%才能发行。预计普通股股利不变，但由于风险加大，普通股市价降至8元/股。分析：该方案考虑了风险因素。新增负债利率为12%，但原有债券利率仍为10%。

乙方案：发行债券200万元，年利率为10%，发行股票20万股，每股发行价10元，预计普通股股利不变。分析：50%的债券和50%的股票；利率没变，股票市价也没变，和原来一样。

丙方案：发行股票36.36万股，普通股市价增至11元/股。

请确定哪一个筹资方案更好。

［实训三］

［实训目的］

（1）练习成本习性模型下相关指标的计算。

（2）练习经营杠杆系数、财务杠杆系数和总杠杆系数的计算。

［实训资料］

某企业是一家销售A产品的上市企业，发行在外的普通股股数为2 500万股，2015年和2016年的利息费用均为120万元，企业适用所得税税率25%，有关生产经营资料见表4-4。

表4-4　有关生产经营资料

项目	2015年	2016年
销售量/万件	9	10.2
销售单价/元	500	500
单位变动成本/元	350	350
固定经营成本/元	3 600 000	3 600 000

［完成任务］

（1）计算2015年该企业的边际贡献、息税前利润、净利润和每股收益；

（2）计算2016年该企业的边际贡献、息税前利润、净利润和每股收益；

（3）计算2016年该企业的经营杠杆系数、财务杠杆系数和总杠杆系数；

（4）计算2017年该企业的经营杠杆系数、财务杠杆系数和总杠杆系数。

［实训四］

［实训目的］

练习通过每股收益无差别点来确定筹资方案。

［实训资料］

某公司目前发行在外普通股 100 万元（每股 1 元），已发行 10% 利率的债券 400 万元，该公司打算为一个新的投资项目融资 500 万元，新项目投产后公司每年息税前利润增加到 200 万元。现有两个方案可供选择：

A 方案：按 12% 的利率发行债券。

B 方案：按每股 20 元发行新股。

公司适用所得税税率 40%。

［完成任务］

（1）计算两个方案的每股收益。

（2）计算两个方案的每股利润无差别点息税前利润。

（3）判断哪个方案更好，并简短说明原因。

［实训五］

［实训目的］

（1）练习各种不同的筹资方式下个别资本成本的计算。

（2）练习加权平均资本成本的计算。

［实训资料］

企业准备从以下筹资方式中筹集 5 000 万元：

（1）通过金融机构获得信用贷款 1 000 万元，年息率 5%，筹资费用率为 1%。

（2）向公众发行面值 1 000 元的债券 1 万张，发行价 1 050 元，利息率 8%，筹资费用率为 5%。

（3）向公众发行新股 1 000 万股，发行价 2 元/股，筹资费用率为 5%，公司采用固定股利增长率政策，预计年增长率为 6%，预计下一年股利为 0.4 元/股。

（4）剩余的动用留存收益。

［完成任务］

（1）求个别资本成本（$T=40\%$）。

（2）求加权平均资本成本。

第五节　参考答案

职业判断能力训练答案

一、填空题

1. 票据贴现。

2. 1。

3. 由证券经营机构承销发行。

4. 市场利率。

5. 5 000 万。

6. 参与性。

7. 预收账款。

8. 德尔菲法。

二、单项选择题

1. C	2. C	3. A	4. A	5. D
6. D	7. C	8. A	9. C	10. B
11. D	12. B	13. A	14. A	15. C

三、多项选择题

1. ABD	2. ABCD	3. AD	4. ACD	5. ABCD
6. AB	7. ABCD	8. AB	9. ACD	10. BCD
11. AB	12. BC	13. CD	14. ABCD	15. AC

四、判断题

1. ×	2. ×	3. ×	4. ×	5. ×
6. √	7. √	8. ×	9. √	10. ×
11. ×	12. ×	13. √	14. √	15. √

五、思考题

1. 决定债券发行价格的基本因素及其对债券价格产生的影响如下：

（1）债券面值。债券面值即债券票面上标出的金额，企业可根据不同认购者的需要，使债券面值多样化，既有大额面值，也有小额面值。它是决定债券价格的基础，债券折价或溢价的参考标准就是债券面值。

（2）票面利率。票面利率可分为固定利率和浮动利率。一般来说，企业应根据自身资信情况、公司承受能力、利率变化趋势、债券期限的长短等决定选择何种利率形式与利率的高低。票面利率与债券面值共同决定了债权人每期能获得多少利息。

（3）市场利率。市场利率是衡量债券票面利率高低的参照系，也是决定债券价格是按面值发行还是溢价或折价发行的决定因素。

（4）债券期限。债券期限越长，债权人的风险越大，其所要求的利息报酬就越高，其发行价格就可能较低。随着债券期限向到期日推进，债券的价格将会逐渐向面值逼近，直至最终等于面值。

2. 能否降低企业的资本成本，取决于企业自身的筹资决策，同时更取决于投资项目的未来风险状况以及市场环境，特别是通货膨胀状况、市场利率变动趋势等。总的来说，降低资本成本的方法主要有以下几种。

（1）合理安排筹资期限。筹资期限应当与投资年限相匹配。但是由于投资是分阶段、分时期进行的，因此企业在筹资时，可按照投资的进度来合理安排筹资期限，既减少资本成本，又减少资金不必要的闲置。

（2）合理的利率预期。资本市场利率多变，因此合理的利率预期对负债筹资意义重大。如果预计未来市场利率将上升，则按照现行较低的利率发行债券，对企业有利。如果预计未来市场利率将下降，则未来企业仍将以现在较高的利率支付利息，将对企业形成比较重的财务负担。因此，合理预计未来利率的趋势对企业来说有重要意义。

（3）提高企业信誉，积极参与信用等级评估。要提高信用等级，首先必须积极参与等级评估，让市场了解企业，也让企业走向市场，只有这样，才能为以后的资本市场筹资提供便利，增强投资者的信心，积极有效地取得资金，降低资本成本。

（4）积极利用负债经营。在投资收益率大于债务成本率的前提下，积极利用负债经营，取得财务杠杆效应，降低资本成本，提高投资效益。

3. 经营杠杆是指由于固定成本的存在，而使企业的息税前利润变动率大于业务量变动率的现象。经营杠杆反映了资产报酬的波动性，可以用来评价企业的经营风险。经营杠杆越大，随着业务量的正向变动，息税前利润将产生更大程度的增长；但同时，随着业务量的负向变动，息税前利润也将产生更大程度的减少。因此，经营杠杆是一把“双刃剑”，它放大了市场和生产等因素变化对利润波动的影响。经营杠杆系数越高，表明利润波动程度越大，经营风险也就越大。

财务杠杆是指由于固定性资金成本的存在，而使企业的普通股收益（或每股收益）变动率大于息税前利润变动率的现象。财务杠杆反映了股权资金报酬的波动性，用以评价企业的财务风险。财务杠杆越大，随着息税前利润的正向变动，普通股每股收益将产生更大程度的增长；但同时，随着息税前利润的负向变动，每股收益也将产生更大程度的减少。因此，财务杠杆效应具有放大企业息税前利润的变化对每股收益变动的影响程度，财务杠杆系数越大，财务风险就越大；财务杠杆系数越小，财务风险也就越小。

4. 最优资本结构是指公司在一定时期内，使其加权平均资本成本最低，公司价值最大时的资本结构。判断最优资本结构常用的方法主要有以下两种：

（1）比较加权平均资本成本法。该方法是通过计算不同资本结构（或筹资方案）的加权平均资本成本，进行比较和分析，以确定企业最优资本结构的一种方法。该方法认为在众多资本结构方案中，加权平均资本成本最低的方案为最优。

（2）每股收益无差别点分析法。该方法是通过每股收益无差别点来进行资本结构决策的方法，适用于解决在某一特定预期盈利水平下的融资方式选择问题，特别是在长期债务和普通股融资之间进行选择时，即可利用这种方法。

职业能力基础训练答案

1. 股票的资本成本率 $= D_1 / [P_0(1-f)] + g$

普通股资本成本 $= 1 \times (1+g) / [20 \times (1-4\%)] + g = 9.42\%$

则该股票的股利年增长率 $g = 4\%$

2. 放弃第 10 天付款折扣的成本率 $= [2\% / (1-2\%)] \times [360/(30-10)] \times 100\% = 36.7\%$

放弃第 20 天付款折扣的成本率 $= [1\% / (1-1\%)] \times [360/(30-20)] \times 100\% = 36.36\%$

最有利的付款日期为 10 大付款，价格为 98 万元。

3. 支付租金 $= [500 - 5 \times (P/F, 12\%, 5)] / [(P/A, 12\%, 4) + 1]$

$= (500 - 5 \times 0.5674) / (3.0373 + 1)$

$= 123.14$（万元）

或　支付租金 $= [500 - 5 \times (P/F, 12\%, 5)] / [(P/A, 12\%, 5) \times (1 + 12\%)]$

$= (500 - 5 \times 0.5674) / 4.0374 = 123.14$（万元）

4. （1）企业目前的利息 $= 400 \times 8\% = 32$（万元）

企业目前的股数 $= 75$ 万股

$$\frac{(\overline{EBIT} - 112) \times (1 - 25\%)}{75} = \frac{(\overline{EBIT} - 32) \times (1 - 25\%)}{125}$$

每股收益无差别点的$\overline{EBIT}$ = 232 万元

追加债券筹资后的总利息 = 32 + 800 × 10% = 112（万元）

追加股票筹资后的股数 = 75 + 800/16 = 125（万股）

设两种筹资方案的每股收益无差别点的销量水平为 X，

则 $(25-10)X-(100+82)=232$

两种筹资方案的每股收益无差别点的销量水平为 27.6 万件。

（2）追加投资后的总销量 = 24 + 16 = 40（万件），由于高于每股收益无差别点（27.6 万件），所以应采用财务杠杆效应较大的负债筹资方式（方案一）。

5.（1）$EBIT_1=(100-60)\times 2-60=20$（万元）

$EBIT_2=(100-60)\times 3-60=60$（万元）

$EBIT_3=(100-60)\times 4-60=100$（万元）

（2）$DOL_1=80\div 20=4$；$DOL_2=120\div 60=2$；$DOL_3=160\div 100=1.6$

（3）由以上计算可知，在其他条件不变的情况下，销售量越大，经营杠杆系数越小，企业经营风险也越小。

6.（1）分别计算两种筹资方式的资本成本。

由于筹资费用为 0，因此长期借款资本成本 $K=6\%\times(1-25\%)=4.5\%$

普通股资本成本 $K=[D_0(1+g)]/[P\times(1-f)]+g$

$=0.3/[2\times(1-4\%)]+5\%=20.63\%$

（2）计算该企业的综合资本成本。

长期借款权重：400/1 000 = 40%；普通股权重：600/1 000 = 60%

综合资本成本 = 4.5 × 40% + 20.63% × 60% = 14.18%

7.（1）边际贡献 $M=(60-30)\times 10=300$（万元）

（2）$EBIT=300-200=100$（万元）

（3）$DOL=300\div 100=3$

（4）$DFL=100\div[100-60\times 12\%-10\div(1-25\%)]=1.26$

（5）$DCL=3\times 1.26=3.78$

8.（1）方法一：利用股利折现模型。

$$K_E=\frac{0.5}{10\times(1-5\%)}+5\%=10.26\%$$

方法二：利用资本资产定价模型。

$$R_s=4\%+1.3\times(9\%-4\%)=10.5\%$$

（2）留存收益的资本成本 $K_r=\dfrac{0.5}{10}+5\%=10\%$

9. 实际借款利率 $=\dfrac{500\times 6\%}{500\times(1-10\%)}=6.67\%$

$$K_L=\frac{6.67\%\times(1-25\%)}{1-2\%}=5.1\%$$

职业能力拓展训练答案

［实训一］

（1）①2010 年的净利润 $=5\ 000\times15\%=750$（万元）

②$A=750$ 万元，$B=1\ 000$ 万元，$C=2\ 000$ 万元，$E=1\ 000$ 万元，$D=500$ 万元，$F=15\%$，$G=20\%$，$H=45\%$

③2011 年预计留存收益 $=5\ 000\times(1+100\%)\times15\%\times(1-1/3)=1\ 000$（万元）

④2011 年需要增加的资金数额 $=5\ 000\times(45\%-18\%)=1\ 350$（万元）

⑤2011 年需要增加的外部筹资数据 $=1\ 350-1\ 000=350$（万元）

（2）普通股的资本成本 $=4\%+1.2\times(14\%-4\%)=16\%$

（3）新发行公司债券的资本成本 $=1\ 000\times8\%\times(1-25\%)/[1\ 080\times(1-2\%)]=5.67\%$

［实训二］

（1）年初的加权平均资本成本：计算个别资本成本和权数。

$$K_b=10\%\times(1-30\%)=7\%$$

$$K_E=1/10+5\%=15\%$$

$$W_b=W_E=50\%$$

（2）计算甲方案的加权平均资本成本。

$$W_{b1}=800/2\ 000=40\%$$

$$W_{b2}=400/2\ 000=20\%$$

$$W_E=800/2\ 000=40\%$$

$$K_{b1}=10\%\times(1-30\%)=7\%$$

$$K_{b2}=12\%\times(1-30\%)=8.4\%$$

$$K_E=1/8+5\%=17.5\%$$

甲方案的加权平均资本成本 $=40\%\times7\%+20\%\times8.4\%+40\%\times17.5\%=11.48\%$

（3）计算乙方案的加权平均资本成本。

$$W_b=(800+200)/2\ 000=50\%$$

$$W_E=(800+200)/2\ 000=50\%$$

$$K_b=10\%\times(1-30\%)=7\%$$

$$K_E=1/10+5\%=15\%$$

乙方案的加权平均资本成本 $=50\%\times7\%+50\%\times15\%=11\%$

需要注意的是，股票无所谓新股票、老股票，因为股票同股同酬、同股同利。

（4）计算丙方案的加权平均资本成本。

$$W_b=800/2\ 000=40\%$$

$$W_E=(800+400)/2\ 000=60\%$$

$$K_b=10\%\times(1-30\%)=7\%$$

$$K_E=1/11+5\%=14.1\%$$

丙方案的加权平均资本成本 $=40\%\times7\%+60\%\times14.1\%=11.26\%$

按照比较加权平均资本成本法，应当选择加权平均资本成本最小的方案为最优方案，因此，最优方案是乙方案。

［实训三］

（1）2015 年边际贡献 =9×（500－350）=1 350（万元）

2015 年息税前利润 =1 350－360 =990（万元）

2015 年净利润 =（990－120）×（1－25%）=652.5（万元）

2015 年每股收益 =652.5÷2 500 =0.261 0（元）

（2）2016 年边际贡献 =10.2×（500－350）=1 530（万元）

2016 年息税前利润 =1 530－360 =1 170（万元）

2016 年净利润 =（1 170－120）×（1－25%）=787.5（万元）

2016 年每股收益 =787.5÷2 500 =0.315 0（元）

（3）2016 年经营杠杆系数 =1 350÷990 =1.36

2016 年财务杠杆系数 =990÷（990－120）=1.14

2016 年总杠杆系数 =1.36×1.14 =1.55

（4）2017 年经营杠杆系数 =1 530÷1 170 =1.31

2017 年财务杠杆系数 =1 170÷（1 170－120）=1.11

2017 年总杠杆系数 =1.31×1.11 =1.45

［实训四］

（1）每股收益 $EPS=(EBIT-I)(1-T)/N$

A 方案：$EPS=(200-400\times10\%-500\times12\%)(1-40\%)/100=0.6$

B 方案：$EPS=(200-400\times10\%)(1-40\%)/(100+500\div20)=0.768$

（2）$(EBIT-I_1)(1-T)/N_1=(EBIT-I_2)(1-T)/N_2$

$(EBIT-40-60)(1-40\%)/100=(EBIT-40)(1-40\%)/(100+25)$

解得 $EBIT=340$ 元

（3）B 方案更好。预计的息税前利润是 200 万元，在每股收益无差别点的左边，因此应该选择权益性的筹资方式，即 B 方案。

［实训五］

（1）银行借款的资本成本为 $K_L=\dfrac{5\%\times(1-25\%)}{1-1\%}=3.79\%$

债券的资本成本为 $K_b=\dfrac{1\ 000\times8\%\times(1-25\%)}{1\ 050\times(1-5\%)}=6.02\%$

普通股的资本成本为 $K_E=\dfrac{0.4}{2\times(1-5\%)}+6\%=27.05\%$

留存收益的资本成本为 $K_r=\dfrac{0.4}{2}+6\%=26\%$

（2）在此次筹资中，银行借款的资本结构为 1 000/5 000 =0.2

债券的资本结构为 1 050/5 000 =0.21

普通股的资本结构为 2 000/5 000 =0.4

留存收益的资本结构为（5 000－1 000－1 050－2 000）/5 000 =950/5 000 =0.19

加权平均资本成本 =0.2×3.79% +0.21×6.02% +0.4×27.05% +0.19×26% =17.68%

第五章

营运资金管理

★专业能力目标

- 理解营运资金管理的方法；
- 掌握最佳现金持有量的确定；
- 掌握信用政策的制定方法；
- 掌握应收账款的管理与控制方法；
- 掌握存货 ABC 分类管理。

★社会能力目标

- 能根据学习的需要查阅有关资料；
- 结合企业个案，能够完成库存资金、银行存款的日常管理，并采取相应措施对企业最佳现金持有量进行控制；
- 能够根据单位实际制定合理的应收账款政策，加强收款工作，提高资金使用效率；
- 能够根据市场需要合理确定存货水平，完成单位存货日常管理。

第一节　相关知识

营运资金管理是企业对内投资管理的重要内容。企业的营运资金在全部资金中占有相当大的比重，而且周期短、形态易变。

一、营运资金的概念及特点

营运资金是指在企业生产经营活动中占用在流动资产上的资本。营运资金的管理既包括流动资产的管理，也包括流动负债的管理。

营运资金一般具有以下特点：

（1）营运资金的周转具有短期性。

（2）营运资金的实物形态具有易变现性。

（3）营运资金的数量具有波动性。

（4）营运资金的实物形态具有动态性。

（5）营运资金的来源具有灵活多样性。

二、现金管理

1. 现金管理的基本目标

现金管理的基本目标是使企业持有的现金在满足现金需求的条件下成本最低。

2. 现金持有的动机

（1）交易动机，指企业为了维持日常周转及正常商业活动所需持有现金。

（2）预防动机，指企业为应付意外事件而持有现金。

（3）投机动机，指企业为了把握市场投资机会，获得较大收益而持有现金，在证券市场价格剧烈波动时，从事投机活动，从中获取收益。

3. 现金的成本

（1）机会成本。机会成本指企业因保留一定的现金余额丧失的再投资收益。

（2）转换成本。转换成本指企业无论是用现金购入有价证券还是转让有价证券换取现金需要付出一定的交易费用，如委托买卖佣金、委托手续费、证券过户费、实物交割手续费等。

（3）管理成本。管理成本主要是由于对该项现金余额进行管理而增加的费用支出，如管理人员的工资及必要的安全措施费用等。

（4）短缺成本。短缺成本指在现金持有量不足，而又无法及时变现有价证券加以补充的情况下，给企业带来的损失。

4. 最佳现金持有量

最佳现金持有量就是企业在正常的生产经营情况下所保持现金的最低余额，使持有现金发生的总成本最少的一个现金持有量，即持有成本、机会成本、管理成本、短缺成本保持最低组合水平的现金持有量。

存货模式将存货经济进货批量模型原理用于确定目标现金持有量，其着眼点是如何让现金相关成本最低。存货模式计算最佳现金持有量的具体公式是：

$$\text{最佳现金持有量} = \sqrt{\frac{2TF}{K}}$$

$$\text{最佳转换次数} = T/Q = \sqrt{\frac{2TF}{K}}$$

$$\text{最低总成本（}TC\text{）} = \sqrt{2TFK}$$

$$\text{现金管理总成本} = \text{持有机会成本} + \text{转换成本}$$

即

$$TC = \frac{Q}{2}K + \frac{T}{Q}F$$

式中　T——一个周期内现金总需求量；

F——每次转换的固定成本；

Q——最佳现金持有量；

K——有价证券利息率（机会成本）；

TC——现金管理相关总成本。

三、应收账款的管理

1. 应收账款的管理目标

在发挥应收账款强化竞争、扩大销售功能的同时，尽可能降低投资的机会成本、坏账成本与管理成本，最大限度地提高应收账款投资的效益。

2. 应收账款的成本

（1）机会成本。指将资金投资于应收账款而不能进行其他投资而丧失的投资收益。其计算公式为

$$应收账款投资机会成本=应收账款平均占用额\times投资机会成本$$

（2）管理成本。指企业对应收账款进行管理而耗费的开支。它是应收账款成本的重要组成部分，主要包括对顾客信用情况调查的费用、收集各种信息的费用、催收账款的费用、账簿的记录费用等。

（3）坏账成本。指由于某种原因导致应收账款不能收回而给企业造成的损失。

3. 信用政策的决策

信用政策是企业对应收账款进行规划与管理而制定的基本原则和行为规范，一般由信用标准、信用条件和收账政策三部分组成。

（1）信用标准决策。信用标准是企业同意向客户提供商业信用而要求对方必须具备的最低条件，常以坏账损失率表示。

确定信用标准的定性分析。企业在制定或选择信用标准时，应考虑三个基本因素：第一，同行业竞争对手的情况；第二，企业承担违约风险的能力；第三，客户的资信程度。企业在制定信用标准时，必须对客户的资信程度进行调查、分析，然后在此基础上，判断客户的信用等级并决定是否给予客户信用优惠。客户资信程度的高低通常决定于六个方面，即客户的信用品质（Character）、偿付能力（Capacity）、资本（Capital）、抵押品（Collateral）、经济状况（Conditions）和持续性（Continuity），简称“6C”系统。

（2）信用条件决策。信用条件是指企业接受客户信用订单时所提出的付款要求，主要包括信用期限、折扣期限及现金折扣率等。确定信用条件的具体操作步骤：第一，确定方案的决策相关成本，这些成本项目包括应收账款占用机会成本、坏账损失等；第二，确定每一方案的决策相关收益，包括扩大销售所取得的增加收益；第三，对每一方案进行成本效益分析比较，决策出净收益增加最多的决策方案。信用条件决策的具体计算公式为

$$决策成本=应收账款投资机会成本+应收账款坏账准备及管理费用额$$

其中，

$$应收账款投资机会成本=应收账款平均占用额\times投资机会成本率$$

$$应收账款平均占用额=\frac{应收账款赊销净额}{应收账款平均周转次数（率）}$$

应收账款赊销净额 = 应收账款赊销收入总额 - 现金折扣额

$$应收账款平均周转次数 = \frac{360}{应收账款平均周转天数}$$

应收账款平均周转天数 = $\sum$ 各现金折扣期或信用期限 ×

客户享受现金折扣期或信用期的估计平均比重

（3）收账政策决策。当客户违反信用条件，拖欠甚至拒付账款时，企业所采取的收账策略与措施。

4. 应收账款的日常管理

应收账款日常管理的主要措施包括应收账款的追踪分析、账龄分析、收现率分析，以及根据有关会计法规建立应收账款坏账准备金制度。

四、存货管理

1. 存货管理的目标

存货管理的目标就是要在充分发挥存货作用的前提下，不断降低存货成本，以最低的存货成本保障企业生产经营的顺利进行。

2. 存货的成本

存货的成本包括以下几个方面。

（1）取得成本。指企业取得存货时的成本费用支出。它主要包括存货的订货成本和采购成本两个方面。

（2）储存成本。指企业为持有存货而发生的成本费用支出。它主要包括存货资金占用的机会成本、仓储费用、保险费用、存货库存损耗等。

（3）缺货成本。指因存货不足而给企业造成的损失。它主要包括由于原材料供应中断造成的停工待料损失、产品供应中断而导致延误发货的信誉损失以及丧失市场机会的有形与无形损失等。

3. 存货的经济批量

存货的经济批量指按照存货管理的目的，通过合理的进货批量和进货时间，能够使一定时期存货的总成本达到最低的采购数量。经济进货批量模式有基本模式、存在数量折扣条件的经济进货批量模式。

（1）经济进货批量的基本模式。经济进货批量的基本模型的计算公式如下：

假设 Q^* 为经济进货批量，A 为某种存货年度计划进货总量，B 为平均每次进货费用，C 为单位存货年度单位储存成本，U 为进货单价。则：

$$经济进货批量\ Q^* = \sqrt{\frac{2KD}{K_C}}$$

$$经济进货批量的存货相关总成本\ TC（Q^*） = \sqrt{2KDK_C}$$

$$经济进货批量平均占用资金\ I^* = \frac{Q^*}{2} \times U$$

$$年度最佳订货次数\ N^* = \frac{D}{Q^*} = \sqrt{\frac{DK_C}{2K}}$$

$$年度最佳订货周期\ t^* = \frac{1年}{N^*}$$

（2）存在数量折扣条件的经济进货批量模式。存在数量折扣时的存货相关总成本可按下式计算：

存货相关总成本 = 采购成本 + 订货成本 + 相关存储成本

实行数量折扣的经济进货批量具体确定步骤如下：

第一步，按价格分成若干个购货数量区间。

第二步，按照基本经济进货批量模式确定经济进货批量 Q^*。

第三步，就每一个购货数量区间，依据 Q^* 分别确定各个购货数量区间的最优批量，其原则是同一区间内距 Q^* 最近的数量为该区间的最优批量。

第四步，计算按给予数量折扣时进货最优批量进货时的存货相关总成本。

第五步，比较各区间最优批量的存货相关总成本，选择最小值，其批量即为最终的最优批量。

4. 存货的日常管理

（1）存货储存期管理。企业储存存货而发生的费用，按照其与储存时间的关系可以分为固定储存费用与变动储存费用两类。它们与利润存在以下关系：

$$存货保本储存期 = \frac{毛利 - 固定存储费 - 销售税金及附加}{每日变动费用}$$

$$存货保利储存期 = \frac{毛利 - 固定存储费 - 销售税金及附加 - 目标利润}{每日变动费用}$$

（2）存货 ABC 分类管理。存货 ABC 分类管理就是将存货按照一定的标准分成 A、B、C 三类。存货的划分标准主要有两个：一是存货的金额；二是存货的品种数量。以存货的金额为主。其中，A 类存货标准是：存货金额很大，存货的品种数量很少；B 类存货标准是：存货金额较大，存货的品种数量较多；C 类存货标准是：存货金额较小，存货的品种数量繁多。

第二节　职业判断能力训练

一、填空题

1. ________是指在企业生产经营活动中占用在流动资产上的资本。广义的营运资金就是企业的流动资产总额；狭义的营运资金又称净营运资金，是指企业的流动资产总额________各类流动负债后的余额。

2. 最佳现金持有量就是企业在正常的生产经营情况下所保持现金的________，使持有现金发生的总成本最少的一个现金持有量，即持有成本、________、________、短缺成本保持最低组合水平的现金持有量。

3. 信用政策又称为应收账款政策，是企业对应收账款进行规划与管理而制定的基本原则和行为规范，一般由________、________和________三部分组成。

4. 应收账款的机会成本是指将资金投资于应收账款而不能进行其他投资而________的投资收益。

二、单项选择题

1. 企业持有货币资金的原因主要是(　　)。
   A. 满足交易性、预防性、收益性需要　B. 满足交易性、投机性、收益性需要
   C. 满足交易性、预防性、投机性需要　D. 满足交易性、投资性、收益性需要
2. 应收账款的成本包括(　　)。
   A. 资本成本　B. 短缺成本　C. 管理成本　D. 主营业务成本
3. 企业为应付紧急情况的需要而持有货币资金主要是出于(　　)动机的需要。
   A. 交易　B. 预防　C. 投机　D. 安全
4. 下列属于应收账款的机会成本的是(　　)。
   A. 对客户的资信调查费用　B. 收账费用
   C. 坏账损失　D. 应收账款占用资金的应计利息
5. 下列选项中，(　　)同货币资金持有量成正比例关系。
   A. 转换成本　B. 机会成本
   C. 货币资金的短缺成本　D. 管理费用
6. 在存货分析模式下，最佳货币资金持有量是使(　　)之和保持最低的现金持有量。
   A. 机会成本与短缺成本
   B. 短缺成本与转换成本
   C. 现金管理的机会成本与固定性转换成本
   D. 现金管理的机会成本与变动性转换成本
7. 下列各项中，信用条件构成要素不包括(　　)。
   A. 信用期限　B. 现金折扣　C. 折扣期限　D. 商业折扣
8. 下列对现金折扣的表述正确的是(　　)。
   A. 又叫商业折扣　B. 折扣率越低，企业付出的代价越高
   C. 又叫批量折扣　D. 又叫数量折扣
9. 流动资产减去流动负债后的余额为(　　)。
   A. 流动资金　B. 营运资金　C. 净资产　D. 存货
10. 现金短缺成本与现金持有量之间的关系是(　　)。
    A. 同向变动　B. 反向变动
    C. 无明确变动比例　D. 不相关
11. 下列项目中属于持有现金的机会成本的是(　　)。
    A. 现金管理人员工资　B. 现金安全措施费用
    C. 现金被盗损失　D. 现金的再投资收益
12. 与现金持有量没有明显比例关系的成本是(　　)。
    A. 机会成本　B. 资金成本　C. 管理成本　D. 短缺成本
13. 持有过量现金可能导致的不利后果是(　　)。
    A. 财务风险加大　B. 收益水平下降　C. 偿债能力下降　D. 资产流动性下降

三、多项选择题

1. 应收账款信用条件的组成要素有(　　)。
   A. 信用期限　B. 现金折扣期　C. 现金折扣率　D. 商业折扣

2. 缺货成本指由于不能及时满足生产经营需要而给企业带来的损失，包括(　　)。
A. 商誉（信誉）损失　　B. 延期交货的罚金
C. 采取临时措施而发生的超额费用　　D. 停工待料损失
3. 通常在基本模型下确定经济批量时，应考虑的成本是(　　)。
A. 采购成本　　B. 进货费用　　C. 储存成本　　D. 缺货成本
4. 用存货分析模式确定最佳货币资金持有量时，应予考虑的成本费用项目有(　　)。
A. 货币资金管理费用　　B. 货币资金与有价证券的转换成本
C. 持有货币资金的机会成本　　D. 货币资金短缺成本
5. 下列各项中，属于信用政策的有(　　)。
A. 信用条件　　B. 信用标准　　C. 收账政策　　D. 数量标准
6. 存货的主要成本包括(　　)。
A. 进货成本　　B. 缺货成本　　C. 储存成本　　D. 管理成本
7. 企业持有现金的动机有(　　)。
A. 交易动机　　B. 预防动机　　C. 投机动机　　D. 投资动机
8. ABC 分类管理的标准主要有(　　)。
A. 重量　　B. 金额　　C. 品种数量　　D. 体积
9. 下列表述中不正确的有(　　)。
A. 现金持有量越大，资金成本越高　　B. 现金持有量越大，短缺成本越高
C. 现金持有量越大，资金成本越低　　D. 现金持有量越大，短缺成本越低
10. 企业的最佳现金持有量是(　　)之和最小的现金持有规模。
A. 短缺成本　　B. 管理成本　　C. 机会成本　　D. 持有成本
11. 企业运用存货模式确定最佳现金持有量所依据的假设包括(　　)。
A. 所需现金只能够通过银行借款取得
B. 预算区内现金需要总量可以预测
C. 现金支出过程比较稳定
D. 证券利率及交易成本可以知道
12. 短缺成本是企业缺乏必要现金，不能应付业务开支而蒙受的损失，这种损失主要包括(　　)。
A. 丧失购买机会　　B. 造成信用损失
C. 丧失投资机会　　D. 造成投资损失
13. 用存货模式分析确定最佳现金持有量时，应予考虑的成本费用项目有(　　)。
A. 现金管理费用　　B. 现金与有价证券的转换成本
C. 持有现金的机会成本　　D. 现金短缺成本

四、判断题

1. 置存货币资金的成本包括持有成本、转换成本、短缺成本、管理成本。　(　　)

2. 增加收账费用，就会减少坏账损失，当收账费用增加到一定程度时，就不会发生坏账损失。　(　　)

3. 存货的取得成本是由购置成本和订货成本两部分构成的，这两部分成本都是实际发生的，都是存货控制决策中的相关成本。　(　　)

4. 流动资金在企业正常经营中是必需的，企业的流动资金，特别是其中的货币资金越多越好。 （ ）

5. 存货 ABC 分类管理中，C 类物资是指数量少、价值低的物资。 （ ）

6. 在利用成本分析模式和存货模式确定现金最佳持有量时，可以不考虑管理成本的影响。 （ ）

7. 企业营运资金余额越大，说明企业风险越小，收益率最高。 （ ）

8. 企业现金持有量过多会降低企业的收益水平。 （ ）

9. 现金持有成本是指企业持有现金所放弃的投资报酬。 （ ）

10. 企业进行日常的短期投资活动所需要的现金，属于正常交易动机所需现金。（ ）

五、思考题

1. 简述应收账款管理的内容。

2. 客户的信用状况如何进行评价？

3. 简述存货管理的主要内容。

第三节　职业能力基础训练

1. 某公司收支平衡预计今年现金需要量为 250 000 元，现金与有价证券的转换成本为每次 500 元，有价证券年利率为 10%，计算：

（1）最佳现金持有量；

（2）最低现金管理总成本、转换成本、持有机会成本；

（3）有价证券交易次数、有价证券交易间隔期。

2. 某公司预计今年耗用甲材料 6 000 千克，单位采购成本 15 元，单位储存成本 9 元，平均每次进货费用为 30 元，假设不存在缺货情况，计算：

（1）甲材料的经济进货批量；

（2）经济进货批量下的总成本；

（3）经济进货批量的平均占用资金；

（4）年度最佳进货批次。

3. 某企业全年耗用 A 材料 9 000 千克，每次进货支付费用 320 元，每千克年储存费用 4 元，求最佳进货量。

4. B 企业计划年度甲材料耗用总量为 7 200 千克，每次订货成本为 800 元，该材料的单价为 30 元/千克，单位储存成本为 2 元。

要求：

（1）计算该材料的经济采购批量及采购成本。

（2）若供货方提供商业折扣，当一次采购量超过 3 600 千克时，该材料的单价为 28 元/千克，则一次采购多少较经济？

5. C 公司预计全年需要现金 100 000 元，现金与有价证券的转换成本为每次 200 元，有价证券的利息率为 10%。

要求：计算企业的最佳现金持有量、最低总成本，以及有价证券交易次数。

第四节　职业能力拓展训练

[**实训一**]

[实训目的]

经济进货批量决策。

[实训资料]

某企业预计年耗用丁材料 6 000 千克，单位采购成本为 15 元，单位储存成本为 9 元，平均每次进货费用为 30 元，假设该材料不存在缺货情况。

[实训要求]

为该公司做出经济进货批量决策。

[完成任务]

(1) 计算该材料的经济进货批量。

(2) 计算经济进货批量下的总成本。

(3) 计算经济进货批量的平均占用资金。

(4) 计算年度最佳进货批次。

[**实训二**]

[实训目的]

复杂情况经济进货批量决策。

[实训资料]

某企业每年需用甲材料 8 000 件，每次订货成本为 160 元，每件材料的年储存成本为 6 元，该种材料的单价为 25 元/件，一次订货量在 2 000 件以上时可获 3% 的折扣，在 3 000 件以上时可获 4% 的折扣。

[实训要求]

计算确定对企业最有利的进货批量。

[完成任务]

计算各批量下的总成本。

(1) 若不享受折扣。

(2) 若享受 3% 折扣，以 2 000 件为订货量。

(3) 若享受 4% 折扣，以 3 000 件为订货量。

(4) 进行决策分析。

第五节　参考答案

职业判断能力训练答案

一、填空题

1. 营运资金；减去。

2. 最低余额；机会成本；管理成本。

3. 信用标准；信用条件；收账政策。
4. 丧失。

二、单项选择题

1. C	2. C	3. B	4. D	5. B
6. D	7. D	8. C	9. B	10. B
11. D	12. C	13. B		

三、多项选择题

1. ABC	2. ABCD	3. BC	4. BC	5. ABC
6. ABC	7. ABC	8. BC	9. BC	10. ABCD
11. BCD	12. AB	13. BC		

四、判断题

1. ×	2. ×	3. ×	4. ×	5. ×
6. √	7. ×	8. √	9. ×	10. ×

五、思考题

1. 为了充分发挥应收账款的功能，必须加强应收账款的管理，其核心是制定合适的信用政策。具体来说，应收账款管理的内容主要包括：

（1）制定合适的应收账款信用政策。信用政策的制定必须符合企业目前的发展状况和企业所处的市场环境状况。

（2）进行应收账款的投资决策。应收账款的投资决策主要是在已经制定的应收账款信用政策的基础上，对具体的应收账款投资行为（如向某一特定客户是否提供商业信用）进行决策。

（3）做好应收账款的日常管理工作，防止坏账的发生。

2. 客户的信用状况通常可以从以下五个方面来评价，简称“6 C”评价法。这六个方面是：

（1）信用品质。指客户履约或违约的可能性。

（2）偿付能力。指客户支付货款的能力。

（3）资本。指客户的经济实力和财务状况。

（4）抵押品。指客户拒付或无力支付款项时能被用作抵押的资产。

（5）经济状况。指可能影响客户付款能力的经济环境，包括一般经济发展趋势和某些地区的特殊发展情况。

（6）持续性。指企业经营政策的连续性与稳定性。

3.（1）根据企业生产经营的特点，制定存货管理的程序和办法。

（2）合理确定存货的采购批量和储存期，降低各种相关成本。

（3）对存货实行归口分级管理，使存货管理责任具体化。

（4）加强存货的日常控制与监督，充分发挥存货的作用。

职业能力基础训练答案

1.（1）最佳现金持有量 = $[2\times250\ 000\times500/10\%]^{1/2}=50\ 000$（元）

（2）最低现金管理总成本 = $[2\times250\ 000\times500\times10\%]^{1/2}=5\ 000$（元）

转换成本 $=250\ 000\div50\ 000\times500=2\ 500$（元）

持有机会成本 $=50\ 000\div2\times10\%=2\ 500$（元）

（3）有价证券交易次数 $=250\ 000\div 50\ 000=5$（次）

有价证券交易间隔期 $=360\div 5=72$（天）

2.（1）甲材料的经济进货批量 $=[2\times 6\ 000\times 30/9]^{1/2}=200$（千克）

（2）经济进货批量下的总成本 $=[2\times 6\ 000\times 30\times 9]^{1/2}=1\ 800$（元）

（3）经济进货批量的平均占用资金 $=200\times 15/2=1\ 500$（元）

（4）年度最佳进货批次 $=6\ 000/200=30$（次）

3. $\sqrt{\dfrac{2\times 9\ 000\times 320}{4}}=1\ 200$（千克）

4.（1）经济采购批量 $=\sqrt{\dfrac{2\times 7\ 200\times 800}{2}}=2\ 400$（千克）

采购成本 $=7\ 200\times 30+2\times 2\ 400/2+800\times 7\ 200/2\ 400=220\ 800$（元）

（2）一次采购 3 600 千克时的全年总成本 $=7\ 200\times 28+2\times 3\ 600/2+800\times 7\ 200/3\ 600$ $=206\ 800$（元）

所以一次采购 3 600 千克较经济。

5. 最佳现金持有量 $=\sqrt{2\times 100\ 000\times 200\times 10\%}=20\ 000$（元）

最低总成本 $=\sqrt{2\times 100\ 000\times 200\times 10\%}=2\ 000$（元）

有价证券交易次数 $=100\ 000/20\ 000=5$（次）

职业能力拓展训练答案

[实训一]

（1）丁材料的经济进货批量 $=\sqrt{\dfrac{2\times 6\ 000\times 30}{9}}=200$（千克）

（2）经济进货批量下的总成本 $=\sqrt{2\times 6\ 000\times 30\times 9}=1\ 800$（元）

（3）经济进货批量的平均占用资金 $=200\times 15/2=1\ 500$（元）

（4）年度最佳进货批次 $=6\ 000/200=30$（次）

[实训二]

计算各批量下的总成本。由于存在折扣，进货单价不同，购置成本是相关成本，应予以考虑。

（1）若不享受折扣：经济进货批量 $Q^*\approx 654$（件），订货次数 $=8\ 000/654\approx 13$（次）

相关总成本 $=8\ 000\times 25+13\times 160+654/2\times 6=204\ 522$（元）

（2）若享受 3% 折扣，以 2 000 件为订货量：

相关总成本 $=8\ 000\times 25\times(1-3\%)+8\ 000/2\ 000\times 160+2\ 000/2\times 6=200\ 640$（元）

（3）若享受 4% 折扣，以 3 000 件为订货量：

相关总成本 $=8\ 000\times 25\times(1-4\%)+8\ 000/3\ 000\times 160+3\ 000/2\times 6=201\ 426.67$（元）

（4）由于以 2 000 件为批量时的总成本最低，所以经济订货批量为 2 000 件。

第六章 项目投资决策

★专业能力目标

- 了解投资的概念、类型及项目投资决策的程序；
- 掌握各种贴现与非贴现指标的含义及计算方法；
- 掌握项目投资决策评价指标的应用。

★社会能力目标

- 能根据学习需要查阅有关资料并进行相关分析；
- 能够结合企业个案，应用项目投资决策评价指标，为企业进行科学、合理的投资决策。

第一节 相关知识

在项目投资决策中，根据是否考虑资金的时间价值，其评价指标可分为非贴现指标和贴现指标两大类。项目投资决策方法也分为两大类，一类是考虑货币时间价值来决定方案取舍的，叫贴现方法，也称动态评价方法，主要包括净现值法、现值指数法、内含报酬率法；另一类是决定方案取舍不考虑货币时间价值的，叫非贴现方法，也称静态评价方法，主要包括静态投资回收期法、年均报酬率法等。

一、投资的含义与特征

投资即资金的投放，是指企业投入一定量的资金从事某项经营活动，以期望在未来获取收益或达到其他目的的一种经济行为。与其他形式的投资相比，项目投资具有投资数额大、影响时间长、变现能力差等特征。

二、投资及项目投资的分类

1. 投资的分类

（1）按投资的性质和内容分为项目投资和有价证券投资。项目投资也称生产经营性资产投资，是企业把资金直接投放于生产经营性资产，利用其组织生产经营活动。有价证券投资也称金融性资产投资，是指把资金投放于有价证券等金融资产，取得其他企业的股权或债权。

（2）按投资回收期的长短分为短期投资和长期投资。短期投资是指能够并准备在一年内收回的投资。长期投资是指在一年以上才能收回的投资。

（3）按投资的方向分为对内投资和对外投资。对内投资是指把资金投放在企业内部，购置各种生产要素，组织生产的投资。对外投资是指企业以现金、实物和无形资产等方式或者以购买股票、债券等有价证券的方式向其他单位进行投资。

2. 项目投资的分类

项目投资按其项目的类型可分为新建项目投资和更新改造项目投资。

新建项目又包括单纯固定资产投资项目和完整工业投资项目两种。单纯固定资产投资项目仅涉及固定资产资金的投入，是投资最基本的形式，目的是新增生产能力。更新改造项目是指以新换旧或者以旧的固定资产为基础进行改扩建的投资项目，其目的是恢复或改善生产能力。

三、项目计算期的构成和资金构成内容

项目计算期是指投资项目从投资建设开始到清理结束整个过程的全部时间，包括建设期和运营期。它们的关系如图 6-1 所示。

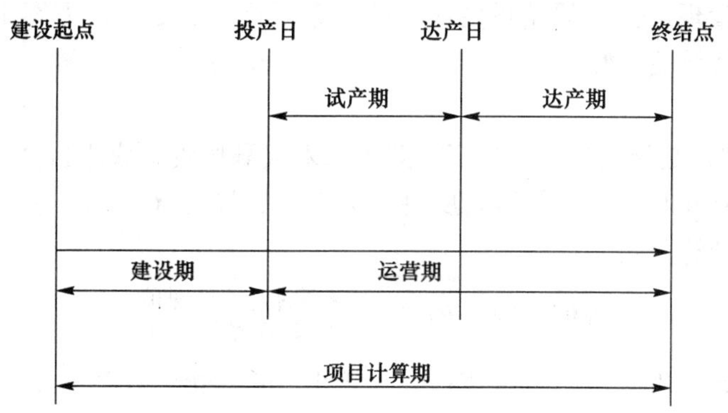

图 6-1　项目计算期的关系

项目投资包括建设投资和营运资金投资。

建设投资是指在建设期内按一定生产经营规模和建设内容进行的投资，包括固定资产投资、无形资产投资和其他资产投资三项内容。

营运资金投资是指为维持生产经营的正常运转而垫支的资金，数值上等于流动资产与流动负债的差额。

四、项目投资决策评价方法

1. 回收期法

回收期（PP）是指投资项目回收该项目的原投资额所需要的时间，一般以年作单位。回收期法就是以回收期的长短来判断方案是否可行的方法。回收期短，说明这项投资所冒风险小，并使投入的资金得以比较快地周转。回收期的计算分以下两种情况。

（1）若各年现金净流量相等。

$$\text{不包括建设期的投资回收期}（PP）=\frac{\text{原始投资额}}{\text{各年相等的现金净流量}}$$

（2）若各年现金净流量不相等。

$$\text{回收期}（PP）=\text{最低未回收额所在年份}+\frac{\text{最低未回收额}}{\text{最低未回收额下一年的现金净流量}}$$

2. 平均投资报酬率法

平均投资报酬率是指投资项目平均净利润额与原始投资报酬的比率。平均投资报酬率法是用年平均投资报酬率来评价投资方案的决策分析方法。其计算公式为

$$\text{平均投资报酬率}（ARR）=\frac{\text{年均净利润额}}{\text{项目总投资额}}$$

可将计算出来的平均投资报酬率与预定要达到的投资报酬率进行比较，如前者大于后者，说明投资项目可行；如前者小于后者，则不宜接受。平均投资报酬率越高，说明项目的经济效益越好；反之，说明其经济效益越差。

3. 净现值法

净现值（NPV）是指项目投产后各年现金净流量的现值之和与投资额现值之间的差额。净现值法是用净现值指标作为评价长期投资方案优劣标准的方法。若净现值是正数，即说明该方案的现金流入量现值大于原始投资额，该方案可行；反之，该方案不可行。净现值越大，说明项目的经济效益越好。

4. 现值指数法

现值指数（PVI）是指任何一项投资方案的未来报酬按资金成本折算的现值与原始投资额的现值之比，也称获利能力指数。它反映每 1 元原始投资（成本）所带来的按资金成本折现后的收入。其计算公式为

$$\text{现值指数}（PVI）=\frac{\text{未来报酬的现值}}{\text{原始投资的现值}}$$

在进行投资决策分析时，如果现值指数大于 1，可接受该方案；如果现值指数小于 1，则应拒绝该方案；若同时有数个方案，它们的现值指数都大于 1，应选择现值指数较大的投资方案为最优方案。

5. 内含报酬率法

内含报酬率（IRR）是指一项长期投资方案在其寿命周期内按现值计算的实际可能达到的投资报酬率，也称内部收益率。

在净现值等于零的状态下，内含报酬率与资金成本对比，如果内含报酬率大于资金成本，方案可以接受；反之，方案就不可以接受。若干个方案比较，以内含报酬率最大的投资

方案为最优方案。

五、项目投资决策评价指标的应用

1. 在单一的独立投资方案中的应用

在只有一个投资项目可供选择的条件下，只需要通过计算经济评价指标来考案该方案是否在经济上可行，从而做出接受或拒绝的决策。

可以利用净现值、现值指数、内含报酬率对同一个独立项目进行评价，会得出完全相同的结论。

2. 在多个互斥投资方案中的应用

互斥投资方案就是在决策时涉及多个相互排斥、不能同时并存的投资方案。互斥投资方案决策是指在所有备选方案均为财务可行方案时，利用具体决策方法，比较各方案的优劣，从各备选方案中优选出一个最佳方案的过程。

互斥方案决策方法很多，若原始投资相等并且项目计算期一样的多个方案比较，可以用净现值法。

第二节　职业判断能力训练

一、填空题

1. 项目计算期是指投资项目从投资建设开始到清理结束整个过程的全部时间，包括________和________。

2. 贴现方法也称动态评价方法。它是将各期________和________通过换算，统一在相同的时间基础上进行比较，以决定备选方案取舍或优劣的方法。

3. 平均投资报酬率是指投资项目平均净利润额与原始投资报酬的________。

4. 净现值（*NPV*）是指项目投产后各年现金净流量的现值之和与投资额现值之间的________。

5. 现值指数（*PVI*）是指任何一项投资方案的未来报酬按资金成本折算的现值与________的现值之比，也称获利能力指数。

6. 内含报酬率（*IRR*）是指一项长期投资方案在其寿命周期内按________计算的实际可能达到的投资报酬率，也称内部收益率。

二、单项选择题

1. 项目投资决策中，完整的项目计算期是指(　　)。

A. 建设期　　B. 运营期

C. 建设期 + 达产期　　D. 建设期 + 运营期

2. 某投资项目原始投资额为 100 万元，使用寿命 10 年，已知该项目第 10 年的经营净现金流量为 25 万元，满期处置固定资产残值收入及回收流动资金共 8 万元，则该投资项目第 10 年的净现金流量为(　　)元。

A. 26 800　　B. 30 000　　C. 50 000　　D. 40 000

3. 项目投资方案可行的必要条件是(　　)。

A. 净现值大于或等于0　　B. 净现值大于0
C. 净现值小于0　　D. 净现值等于0

4. 在用动态指标进行项目评价时，如果其他因素不变，只有贴现率提高，下列指标结果不变的有(　　)。
A. 净现值　　B. 投资回收率
C. 内含报酬率　　D. 现值指数

5. 下列表述中不正确的是(　　)。
A. 净现值是未来报酬的总现值与初始投资额的现值之差
B. 当净现值等于0时，说明此时的贴现率为内含报酬率
C. 当净现值大于0时，现值指数小于1
D. 当净现值大于0时，说明该投资方案可行

6. 下列关于长期投资决策特点的叙述错误的是(　　)。
A. 投资额大　　B. 资金占用时间长
C. 一次投资、分次收回　　D. 风险较小

7. 回收固定资产的残值属于(　　)。
A. 现金流入　　B. 现金流出　　C. 投资　　D. 以上都不对

8. 某投资方案贴现率为16%时，净现值为6.12，贴现率为18%时，净现值为-3.17，则该方案的内含报酬率为(　　)。
A. 14.68%　　B. 17.32%　　C. 18.32%　　D. 16.68%

9. 某项目年营业收入140万元，年付现成本60万元，年折旧40万元。所得税税率35%。则该方案经营期的年现金净流量为(　　)万元。
A. 40　　B. 66　　C. 78　　D. 52

10. (　　)的计算本身与事先设定的折现率无关。
A. 内含报酬率　　B. 投资回收期　　C. 净现值　　D. 现值指数

11. 现值指数(　　)就表示该项目具有正的净现值，对企业有利。
A. 大于0　　B. 小于0　　C. 大于1　　D. 小于1

12. 评价投资方案经济效益的方法中，(　　)属于非贴现的现金流量法。
A. 回收期法　　B. 净现值法　　C. 现值指数法　　D. 内含报酬率法

三、多项选择题

1. 下列指标中，考虑了资金时间价值的是(　　)。
A. 净现值　　B. 现值指数　　C. 内部报酬率　　D. 投资回收期

2. 若$NPV<0$，则下列关系式中正确的有(　　)。
A. $NPVR>0$　　B. $NPVR<0$　　C. $PI<1$　　D. $IRR<1$

3. 在一般投资项目中，当一项投资方案的净现值等于0时，即表明(　　)。
A. 该方案的获利指数等于1
B. 该方案不具备财务可行性
C. 该方案的净现值率大于0
D. 该方案的内部收益率等于设定折现率或行业基准收益率

4. 在以下投资方案评价指标中，属于贴现指标的有(　　)。

A. 回收期　　B. 会计收益率
C. 净现值　　D. 现值指数

5. 投资决策分析使用的非贴现指标主要有(　　)。
A. 会计收益率　　B. 内含报酬率
C. 偿还期　　D. 净现值

6. 企业在进行长期投资决策时，应重点考虑的因素有(　　)。
A. 时间价值　　B. 企业当期损益
C. 风险价值　　D. 企业预期净利润

7. 当方案的净现值等于0时，该方案的(　　)。
A. 净现值指数 =0　　B. 现值指数 =1
C. 净现值指数 <0　　D. 现值指数 <1

8. 与计算内含报酬率有关的因素为(　　)。
A. 原始投资　　B. 银行利率
C. 每年现金流量　　D. 投资项目的有效年限

9. 下列属于现金流出量的是(　　)。
A. 固定资产投资　　B. 流动资产垫支
C. 项目投资后每年可增加的营业收入　　D. 营业净收益

10. 对同一个投资方案来说，下列表述正确的有(　　)。
A. 资金成本与内含报酬率相等时，净现值为0
B. 资金成本高于内含报酬率时，净现值为负数
C. 资金成本越高，净现值越小
D. 资金成本越高，净现值越大

11. 下述表述中不正确的是(　　)。
A. 净现值等于0，说明此时的贴现率为内部收益率
B. 净现值大于0，则该投资方案不可行
C. 净现值大于0，则现值指数小于1
D. 净现值是未来报酬的总现值与初始投资额现值之差

12. 净现值法与现值指数法的共同之处在于(　　)。
A. 都是相对数指标，反映投资的效率
B. 都必须按预定的贴现率折算现金流量的现值
C. 都不能反映投资方案的实际投资收益率
D. 都没有考虑货币时间价值因素

13. 下列指标属于折现的相对量评价指标的有(　　)。
A. 净现值率　　B. 现值指数　　C. 投资利润率　　D. 内部收益率

14. 若建设期不为零，则建设期内各年的净现金流量可能会(　　)。
A. 等于1　　B. 大于1　　C. 小于0　　D. 等于0

四、判断题

1. 现金净流量是指一定期间现金流入量和现金流出量的差额。　　(　　)
2. 会计收益率和投资回收期这两个静态指标的优点是计算简单易懂，且均考虑了现金

流量。 (　　)

3. 在整个项目计算期内，任何一年的现金流量都可以通过“净利润 + 折旧”的简化公式来确定。 (　　)

4. 投资项目评价所应用的内容报酬率指标的计算结果与项目预定的折现率高低有直接关系。 (　　)

5. 某一投资方案按 10% 的折现率计算的净现值大于 0，那么该方案的内容报酬大于 10%。 (　　)

6. 多个互斥方案比较，应选择净现值大的方案。 (　　)

7. 对于独立方案，只有完全具备财务可行性的方案才可以接受。 (　　)

五、思考题

1. 什么是净现值？怎样利用净现值对投资项目进行决策分析？

2. 什么是现值指数？怎样利用现值指数对投资项目进行决策分析？

3. 什么是内含报酬率？如何利用内含报酬率对投资项目进行决策分析？

4. 试对各种长期投资决策分析方法进行比较。

第三节　职业能力基础训练

1. 某企业购买机器设备价款为 40 万元，可为企业每年增加净利 4 万元，该设备可使用 5 年，无残值，采用直线法计提折旧，该企业的折现率为 10%。

要求：计算该投资方案的会计收益率、投资回收期，并对此投资方案做出评价。

2. 某企业拟建造一项生产设备。预计建设期为 1 年，所需原始投资 200 万元于建设起点一次投入，该设备预计使用寿命为 5 年，使用期满报废清理时无残值，该设备折旧方法采用直线法，该设备投产后每年增加净利润 60 万元，假定适用的行业基准折现率为 10%。

要求：

（1）计算项目计算期内各年现金净流量；

（2）计算项目净现值；

（3）计算该项目的现值指数；

（4）计算该项目的内含报酬率；

（5）评价该项目的财务可行性。

3. 某企业拟建造一项生产设备，预计建设期为 1 年，所需原始投资 200 万元于建设起点一次投入，该设备预计使用寿命为 5 年，使用期满报废清理时无残值，该设备折旧方法使用直线法，该设备投产后每年增加税前利润为 100 万元，所得税税率为 25%，该项目的基准收益率为 10%。

（1）计算项目计算期内各年净现金流量；

（2）计算该设备的静态投资回收期；

（3）计算该投资项目的会计收益率；

（4）假定适用的行业基准折现率为 10%，计算项目净现值；

（5）计算项目净现值率；

（6）评价其财务可行性。

4. 某企业要进行一项投资，现有甲、乙两个方案可供选择，两个方案的现金净流量见表6-1，该企业期望的投资回收期为5年（含建设期）。要求应用回收期法对两个方案进行选择。

表6-1　投资方案现金净流量表　　单位：万元

项目年份	甲方案现金净流量	乙方案现金净流量
0	-1 000	-1 000
1	0	0
2	200	310
3	200	310
4	200	310
5	200	200
6	200	200
7	200	200
8	200	200

5. 根据下列资料计算甲、乙两种方案的年平均投资报酬率（表6-2）。

表6-2　资料　　单位：元

项目年份	0	1	2	3	4	5
甲方案 *NCF* 合计	-10 000	3 200	3 200	3 200	3 200	3 200
乙方案 *NCF* 合计	-15 000	3 800	3 560	3 320	3 080	7 840

6. 设贴现率为10%，有A、B、C三种方案，有关数据如表6-3所示，就三种方案分别计算净现值，并为该企业进行方案决策。

表6-3　有关数据　　单位：元

期间	A方案		B方案		C方案	
	净收益	现金净流量	净收益	现金净流量	净收益	现金净流量
0		(2 000)		(9 000)		(1 200)
1	1 800	11 800	(1 800)	1 200	600	4 600
2	3 240	13 240	3 000	6 000	600	4 600
3			3 000	6 000	600	4 600
合计	5 040	5 040	4 200	4 200	1 800	1 800

7. 某项目原始投资额为55万元，一次投入，其中15万元是流动资产投资，其余为固

定资产投资，该项目可使用5年，期末无残值，预计每年可获净利10万元。要求：分别用净现值法、现值指数法、内含报酬率法做出该项目是否可行的决策（设折现率为10%）。

8. 某设备原值为10万元，使用年限5年，税法规定残值率为10%，用直线法计提折旧，该设备投入使用后每年可增加营业收入8万元，增加付现成本2万元，报废时实际残值为2万元，设税率为30%，折现率为10%，用净现值法判断说明该方案是否可行。

第四节　职业能力拓展训练

［实训一］

［实训目的］

固定资产是否更新决策。

［实训资料］

某企业有一设备购置成本40 000元，已使用5年，还可使用5年，直线法计提折旧，期满无残值，现在出售可得10 000元，旧设备每年可获收入50 000元，付现成本30 000元；现拟以一新设备替换旧设备，购置成本60 000元，估计可使用5年，有残值10 000元，每年可获收入80 000元，付现成本40 000元，资本成本率10%，所得税税率为40%。

［实训要求］

做出继续使用旧设备还是对其进行更新的决策。

［完成任务］

第一步，分别计算初始投资与折旧的现金流量差量。

初始投资差额 =

折旧差额 =

第二步，计算各年营业现金流量差量（表6-4）。

表6-4　各年营业现金流量差量　　单位：元

	新设备	旧设备	差额
销售收入（1）			
付现成本（2）			
折旧额（3）			
税前净利（4）			
所得税（5）			
税后净利（6）			
营业现金净流量			

第三步，计算差额净现值。

$\Delta NPV =$

第四步，对方案做出决策。

[实训二]

[实训目的]

投资回收期。

[实训资料]

某投资项目的净现金流量为 $NCF_0=-100$ 万元，$NCF_1=0$，$NCF_2=30$ 万元，$NCF_3=30$ 万元，$NCF_4=40$ 万元，$NCF_5=60$ 万元，$NCF_6=80$ 万元。

[实训要求]

按照列表法确定该项目的静态投资回收期。

[完成任务]

第一步，依题意列表 6-5。

表 6-5 项目计算期的分析

项目计算期	0	1	2	3	4	5	6
净现金流量							
累计净现金流量							

第二步，累计净现金流量 =

第三步，包括建设期的回收期 =

不包括建设期的回收期 =

[实训三]

[实训目的]

项目投资决策。

[实训资料]

某企业拟建一项固定资产，需投资 100 万元，建设资金分别于年初、年末各投入 50 万元，按直线法计提折旧，使用寿命为 10 年，期末无残值。该项工程于当年投产，预计投产后每年可获息税前利润 10 万元。假定该项目的行业基准折现率为 10%。

[实训要求]

计算该项目的净现值。

[完成任务]

(1) 折旧 =

(2) $NCF_0=$

$NCF_1=$

$NCF_{2-11}=$

(3) $NPV=$

[实训四]

[实训目的]

项目投资决策。

[实训资料]

假定中原公司在计划年度有 A、B 两个投资方案可供选择，寿命期限均为 8 年，原始投资额均为100 000元，资本成本为12%，两个方案各年的*NCF*如表6-6所示。

表6-6 两个方案各年的*NCF*　　单位：元

年度	1	2	3	4	5	6	7	8	合计
A方案各年的*NCF*	20 000	20 000	20 000	20 000	20 000	20 000	20 000	20 000	160 000
B方案各年的*NCF*	40 000	30 000	30 000	20 000	10 000	10 000	10 000	10 000	160 000

［实训要求］

根据上述资料用净现值法来评价两个投资方案哪个可行。

［完成任务］

第一步，A方案未来报酬的总现值＝

A方案的净现值＝

以上计算的结果表明：

第二步，计算A方案的净现值（*NPV*）（表6-7）。

表6-7 A方案的净现值

年度	各年*NCF*/元	（*P/F*，12%，*n*）	*PV*/元
1 2 3 4			
5 6 7 8			
未来报酬总现值/元 原投资额/元			
净现值/元			

第三步，决策。

第五节　参考答案

职业判断能力训练答案

一、填空题

1. 建设期；运营期。
2. 现金流入量；现金流出量。
3. 比率。

4. 差额。
5. 原始投资额。
6. 现值。

二、单项选择题

1. D　2. D　3. A　4. B　5. C
6. D　7. A　8. B　9. D　10. B
11. C　12. A

三、多项选择题

1. ABC　2. BCD　3. AD　4. BCD　5. AC
6. ACD　7. AB　8. ABCD　9. AB　10. ABC
11. AC　12. BC　13. ABD　14. CD

四、判断题

1. √　2. ×　3. ×　4. ×　5. √
6. √　7. √

五、思考题

1. 净现值（*NPV*）是指项目投产后各年现金净流量的现值之和与投资额现值之间的差额。净现值法是用净现值指标作为评价长期投资方案优劣标准的方法。若净现值是正数，即说明该方案的现金流入量现值大于原始投资额，该方案可行；反之，该方案不可行。净现值越大，说明项目的经济效益越好。

2. 现值指数（*PVI*）是指任何一项投资方案的未来报酬按资金成本折算的现值与原始投资额的现值之比，也称获利能力指数。它反映每 1 元原始投资（成本）所带来的按资金成本折现后的收入，是评价投资方案优劣的一项动态指标。其计算公式为

$$\text{现值指数}（PVI）=\frac{\text{未来报酬的现值}}{\text{原始投资的现值}}$$

现值指数法就是以各个投资方案的现值指数大小取舍投资方案的方法。在进行投资决策分析时，如果现值指数大于 1，可接受该方案；如果现值指数小于 1，则应拒绝该方案；若同时有数个方案，它们的现值指数都大于 1，应选择现值指数较大的投资方案为最优方案。

3. 内含报酬率（*IRR*）是指一项长期投资方案在其寿命周期内按现值计算的实际可能达到的投资报酬率，也称内部收益率。

内含报酬率的基本原理就是根据这个报酬率对投资方案的全部现金流量进行折现，使未来报酬的总现值正好等于该方案原始投资额的现值。其实质就是一种能使投资方案的净现值等于零的折现率。它是考核投资方案优劣的一项动态指标。

内含报酬率法是指根据投资方案的内含报酬率，来确定投资方案是否可行，并选出最优方案的方法。在净现值等于零的状态下，内含报酬率与资金成本对比，如果内含报酬率大于资金成本，方案可以接受；反之，方案就不可以接受。若干个方案比较，以内含报酬率最大的投资方案为最优方案。

4. 五种方法的计算要求和计算结果综合概括如表 6-8 所示。

表 6-8　五种方法的计算要求和计算结果

决策分析方法	方法所用主要指标	主要优点	主要缺陷	方法评价标准
平均投资报酬率法	平均净利	简明、方便	①没有考虑货币时间价值；②没有考虑投资项目使用年限	越高越好
回收期法	现金净流量	简明、方便，易于理解	①没有考虑货币时间价值；②没有从投资项目全部期间收益考虑	越短越好
净现值法	*NCF* 现值	考虑了货币时间价值	①不能用于不同投资额方案的评价；②不知预期收益率大小	*NPV* > 0 可行，越大越好
现值指数法	*NCF* 现值	①考虑了货币时间价值；②可用于不同投资额方案的对比	不知预期收益率大小	*PVI* > 1 可行，越大越好
内含报酬率法	折现率	①考虑了货币时间价值；②可用于不同投资额方案的比较；③知道预期收益率大小	①只能在常规条件下使用；②计算烦琐，工作量大	*IRR* > 资金成本可行，越大越好

在以上五种计算方法中，后三种都是通过投资的成本与收益（报酬）的比较，并结合货币时间价值和投资风险价值来对各该投资方案的经济效益进行评价的。

职业能力基础训练答案

1. 会计收益率 = 年平均净利润/原始投资额 = 4/40 × 100% = 10%
   不包含建设期的投资回收期 = 40/（4 + 40/5） = 3.33（年）
   包含建设期的投资回收期 = 3.33 + 0 = 3.33（年）

因为会计收益率为 10% 等于企业折现率 10%，又因为投资回收期为 3.33 年大于 2.5 年，所以该项目不具备财务可行性。

2. （1）现金净流量 = 60 + 200/5 = 100（万元）
   （2）净现值 = − 200 + 100 ×（*P/A*，10%，5）×（*P/F*，10%，1）
   = − 200 + 100 × 3.790 8 × 0.909 1
   = 144.62（万元）
   （3）现值指数 =（144.26 + 200）/200 = 1.72
   （4）内含报酬率 *IRR* = 27.61%
   （5）因为净现值 144.62 > 0，现值指数 1.72 > 1，内含报酬率 27.61% > 折现率 10%，所以此项目具备财务可行性。

3. （1）现金净流量 = 100 ×（1 − 25%）+ 200/5 = 115（万元）
   （2）不包含建设期的投资回收期 = 200/115 = 1.74（年）
   包含建设期的投资回收期 = 1.74 + 1 = 2.74（年）

（3）会计收益率 = 75/200 × 100% = 37.5%

（4）净现值 = −200 + 115 × （P/A，10%，5） × （P/F，10%，1）

= −200 + 115 × 3.790 8 × 0.909 1

= 196.31（万元）

（5）净现值率 = 196.31/200 × 100% = 98.155%

（6）因为净现值 196.31 > 0，会计收益率 37.5% > 20%，净现值率 98.155% > 0，所以此项目具备财务可行性。

4. 投资方案累计现金净流量表如表 6-9 所示。

表 6-9　投资方案累计现金净流量表　　单位：万元

项目年份	甲方案累计现金净流量	乙方案累计现金净流量
0	−1 000	−1 000
1	−1 000	−1 000
2	−800	−690
3	−600	−380
4	−400	−70
5	−200	130
6	0	330
7	200	530
8	400	730

甲方案投资回收期 = 6 年

乙方案投资回收期 = 4 + 70/200 = 4.35（年）

由于 4.35 < 6，因而选择乙方案。

5. 甲方案年平均投资报酬率 = 3 200/10 000 × 100% = 32%

乙方案年平均投资报酬率 = （3 800 + 3 560 + 3 320 + 3 080 + 7 840）/5 ÷ 15 000 × 100%

= 28.8%

6. 净现值（A） = （11 800 × 0.909 1 + 13 240 ÷ 0.826 4） − 20 000

= 21 669 − 20 000

= 1 669（元）

净现值（B） = （1 200 × 0.909 1 + 6 000 × 0.826 4 + 60 000 × 0.751 3） − 9 000

= 10 557 − 9 000

= 1 557（元）

净现值（C） = （4 600 × 2.487） − 12 000

= 11 440 − 12 000

= −560（元）

故选 A 方案。

7. NCF_{1-5} = 10 + （55 − 15）/5 = 18（万元）；NCF_5 = 15 万元；NCF_0 = −55 万元

净现值法：NPV = 18 × 3.791 + 15 × 0.621 − 55 = 22.53（万元）

现值指数法：PI = （18 × 3.791 + 15 × 0.621）/55 = 1.41

内含报酬率法：取 $i=15\%$

$$NPV=18\times3.352+15\times0.4972-55=12.794\text{（万元）}$$

取 $i=20\%$

$$NPV=18\times2.9906+15\times0.4019-55=4.8593\text{（万元）}$$

取 $i=24\%$

$$NPV=18\times2.7454+15\times0.3411-55=-0.4663\text{（万元）}$$

因此 $IRR=20\%+(24\%-20\%)\times(4.8593)/(4.8593+0.4663)=23.65\%$

故方案可行。

8.（1）确定该设备的现金流量 $NCF_0=-10$ 万元

年折旧额 $=10\times(1-10\%)/5=1.8$（万元）

$$NCF_{1-5}=(8-2-1.8)\times(1-30\%)+1.8=4.74\text{（万元）}$$

$$NCF_5=2-(2-1)\times0.3=1.7\text{（万元）}$$

（2）$NPV=-10+4.74\times3.791+1.7\times0.621=9.02504$（万元）

故方案可行。

职业能力拓展训练答案

［**实训一**］

第一步，分别计算初始投资与折旧的现金流量差量。

初始投资差额 $=60\,000-10\,000=50\,000$（元）

折旧差额 $=10\,000-4\,000=60\,000$（元）

第二步，计算各年营业现金流量差量（表6-10）。

表6-10　各年营业现金流量差量　　单位：元

项目	新设备	旧设备	差额
销售收入（1）	80 000	50 000	30 000
付现成本（2）	40 000	30 000	10 000
折旧额（3）	10 000	4 000	6 000
税前净利（4）=（1）-（2）-（3）	30 000	16 000	14 000
所得税（5）=（4）×40%	12 000	6 400	5 600
税后净利（6）=（4）-（5）	18 000	9 600	8 400
营业现金净流量（7）=（6）+（3）	28 000	13 600	14 400

第三步，计算差额净现值。

$\Delta NPV=14\,400\times3.791+10\,000\times0.621-50\,000=10\,800$（元）

第四步，因为 $10\,800>0$，所以方案可行。

［**实训二**］

填列表6-11。

表 6-11　项目计算期的分析　　单位：万元

项目计算期	0	1	2	3	4	5	6
净现金流量	-100	0	30	30	40	60	80
累计净现金流量	-100	-100	-70	-40	0	60	140

由于第4年的累计净现金流量为0，所以包括建设期的回收期=4年，不包括建设期的回收期=4-1=3（年）

［**实训三**］

（1）折旧100/10=10（万元）

（2）$NCF_0=-50$ 万元

$NCF_1=50$ 万元

NCF_{2-11}=息税前利润+折旧=10+10=20（万元）

（3）$NPV=-50-50\times(P/F, 10\%, 1)+20\times(P/A, 10\%, 10)\times(P/F, 10\%, 1)$

$=16.26$（万元）

［**实训四**］

第一步，A方案未来报酬的总现值$=A\times(P_A/A, 12\%, 8)=20\ 000\times4.968=99\ 360$（元）

A方案的净现值=未来报酬的总现值-原始投资额

=99 360-100 000=-640（元）

以上计算的结果表明：A方案的净现值是负数，故该方案不可行。

第二步，计算A方案的净现值（NPV）。

由于各年NCF不相等，故需分别计算，然后加总，再与原始投资额比较（表6-12）。

表 6-12　A方案的净现值

年度	各年 NCF/元	$(P/F, 12\%, n)$	PV/元
1	40 000	0.893	35 720
2	30 000	0.797	23 910
3	30 000	0.712	21 360
4	20 000	0.636	12 720
5	10 000	0.567	5 670
6	10 000	0.507	5 070
7	10 000	0.452	4 520
8	10 000	0.404	4 040
未来报酬总现值/元			113 010
原投资额/元			100 000
净现值/元			13 010

第三步，以上计算结果表明B方案的净现值为正数，故该方案可行。

第七章

证券投资管理

★专业能力目标

- 领会证券投资的含义；
- 能够描述企业证券投资的主要风险和进行投资决策的相关因素分析；
- 掌握证券投资中一般情况下证券投资收益的计算和一般情况下债券、股票的估价计算。

★社会能力目标

- 能根据学习需要查阅有关资料；
- 能够结合企业个案，科学地寻找和分析其证券投资活动的主要投资渠道和主要风险点，并采取相应措施进行控制。

第一节　相关知识

一、证券与证券投资

证券是根据一国政府的有关法律法规发行的，票面载有一定金额，证明持券人或证券指定的特定主体拥有一定权利的法律凭证。这些权利包括财产所有权或债权，以及证券持有人有权按票面规定的条件取得的其他权益。证券必须具备两个基本特征：一是法律特征；二是书面特征。同时具备上述两个特征的书面凭证才可称为证券。证券具有流动性、收益性、风险性三个基本特点。

证券投资是指企业为获取投资收益或特定经营目的而买卖有价证券的一种投资行为。

二、证券投资的分类

1. 债券投资

债券投资是指企业将资金投向各种各样的债券。与股票投资相比，债券投资能获得稳定收益，投资风险较低。

2. 股票投资

股票投资是指企业将资金投向其他企业所发行的股票。将资金投向优先股、普通股都属于股票投资。

3. 证券投资基金

证券投资基金是指通过发行基金单位，集中投资者的资金，由基金托管人托管，由基金管理人管理和运用资金，按照利益共享、风险共担的原则专门投资于股票、债券等金融工具的基金。

三、证券投资的目的

证券投资的目的包括以下方面。

（1）为盈利而进行证券投资。

（2）与筹集长期资金相配合。

（3）为保证未来的资金支付进行证券投资，

（4）满足季节性经营对现金的需求。

（5）进行多样化投资，分散投资风险。

（6）为影响或控制某一企业而进行证券投资。

四、证券投资的风险

1. 系统风险

系统风险是指由于某些因素给市场上所有的证券都带来影响的风险，是与市场的整体运动相关联的。系统风险的特点是共同性、不可回避性、不可分散性。

2. 非系统风险

非系统风险是指个别事件或因素只对某个行业或个别公司的证券产生影响的风险。

非系统风险主要有信用风险、经营风险、财务风险和个股投机风险。

五、证券投资收益率的计算

证券收益包括证券交易现价与原价的价差以及定期的股利或利息收益。收益的高低是影响证券投资的主要因素。证券投资的收益有绝对数和相对数两种表示方法，在财务管理中通常用相对数，即收益率来表示。

1. 短期证券收益率

短期证券一般不用考虑时间价格因素，只需考虑证券价差及利息，将其与投资额相比较，即可求出证券收益率。其基本计算公式为

$$K=\frac{S_1-S_0+P}{S_0}\times 100\%$$

2. 长期证券收益率

长期证券收益率一般是指购进证券后一直持有至出售日可获得的收益率。其计算公式为

$$差价收益率=\frac{平均卖出净收入-平均买入成本}{平均买入成本}\times 100\%$$

3. 债券估价的基本模型（分期付息，到期还本的债券内在价值的计算）

典型的债券是固定利率、每年计算并支付利息即分期付息、到期归还本金。在此种情况下，是按复利方式计算的。

债券价值的基本模型为

$$P=\sum_{t=1}^{n}\frac{i\cdot F}{(1+K)^{t}}+\frac{F}{(1+K)^{n}}$$
$$=F\cdot I\ (P/A,\ k,\ n)\ +F\cdot\ (P/F,\ k,\ n)$$

4. 股票估价的基本模型

在一般情况下，投资者投资股票，不仅希望得到股利收入，还希望在未来出售股票时从股票价格的上涨中获得好处。此时股票估价的基本模型为

$$V=[\sum d_t\div(1+i)^t]+[V_n\div(1+i)^t]$$

第二节　职业判断能力训练

一、填空题

1. 证券投资是指企业为获取________或特定经营目的而买卖________的一种________行为。

2. 证券投资基金是指通过发行基金单位，集中投资者的________，由基金托管人托管，由基金管理人管理和运用资金，按照________、________的原则专门投资于股票、债券等金融工具的基金。

3. 系统风险是指由于某些因素给市场上________的证券都带来影响的风险，是与________的________运动相关联的。

4. 信用风险又称违约风险，指证券发行人在证券到期时________或________而使投资者遭受损失的风险。

5. 在投资人想出售有价证券获取现金时，证券________的风险，叫流动性风险。

6. 债券持有期收益率是指投资者买入债券后持有一段时间，在债券到期之前将债券________所得到的收益率。

二、单项选择题

1. 一张面额为 100 元的长期股票，每年可获利 10 元，如果折现率为 8%，则其估价为(　　)元。

A. 100　　B. 125　　C. 110　　D. 80

2. 假定某项投资的风险系数为 5，无风险收益率为 10%，市场平均收益率为 20%，其期望收益率为(　　)。

A. 15%　　B. 25%　　C. 30%　　D. 20%

3. 非系统风险(　　)。
   A. 归因于广泛的价格趋势和事件
   B. 归因于某一投资企业特有的价格或事件
   C. 不能通过投资组合得以分散
   D. 通常是以 β 系数进行衡量的
4. 当两种证券完全正相关时，由此所形成的证券组合(　　)。
   A. 能适当分散风险
   B. 不能分散风险
   C. 证券组合风险小于单项证券风险的加权平均
   D. 可分散全部风险
5. 在债券投资中，因通货膨胀带来的风险是(　　)。
   A. 违约风险　　B. 利息率风险
   C. 社会经济衰退风险　　D. 流动性风险
6. 债券投资中，债券发行人无法按期支付利息或本金的风险称为(　　)。
   A. 利率风险　　B. 违约风险　　C. 购买风险　　D. 流动性风险
7. 在投资人想出售有价证券获取现金时，证券不能立即出售的风险是(　　)。
   A. 流动性风险　　B. 期限性风险　　C. 违约风险　　D. 购买力风险
8. 一般认为，企业进行短期债券投资的主要目的是(　　)。
   A. 控制被投资企业
   B. 获得稳定收入
   C. 调节现金余额，使现金余额达到合理水平
   D. 增强资产流动性

三、多项选择题

1. 对外证券投资的风险主要有(　　)。
   A. 违约风险　　B. 利息率风险　　C. 购买力风险　　D. 流动性风险
2. β 系数是衡量风险大小的重要指标，下列表述正确的有(　　)。
   A. β 较大，说明此证券无风险
   B. 某股票 $\beta=0$，说明此证券无风险
   C. 某股票 $\beta=1$，说明其风险等于市场的平均风险
   D. 某股票 $\beta>1$，说明其风险大于市场的平均风险
3. 由影响所有的因素引起的风险，可以称为(　　)。
   A. 可分散风险　　B. 市场风险　　C. 不可分散风险　　D. 系统风险
4. 按照投资的风险分散理论，以等量资金投资于 A、B 两个项目，则(　　)。
   A. 若 A、B 项目完全负相关，组合后的风险完全抵消
   B. 若 A、B 项目完全负相关，组合后的风险不扩大也不减少
   C. 若 A、B 项目完全正相关，组合后的风险完全抵消
   D. 若 A、B 项目完全正相关，组合后的风险不扩大也不减少
5. 按照资本资产定价模式，影响特定股票预期收益率的因素有(　　)。
   A. 无风险的收益率　　B. 平均风险股票的必要收益率

C. 特定股票的β系数　　D. 财务杠杆系数

6. 证券投资的收益包括(　　)。

A. 现价与原价的价差　　B. 股利收益

C. 债券利息收益　　D. 出售收入

7. 债券投资的优点主要有(　　)。

A. 本金安全性高　B. 收入稳定性强　C. 投资收益较高　D. 市场流动性好

8. 股票投资的缺点有(　　)。

A. 购买力风险高　B. 求偿权居后　C. 价格不稳定　D. 收入稳定性强

9. 债券投资风险包括(　　)。

A. 违约风险　B. 利率风险　C. 购买力风险　D. 变现力风险

10. 影响股票价格的因素有(　　)。

A. 预期股利　B. 市场利率　C. 社会经济环境　D. 违约风险

11. 评价债券收益水平的指标是(　　)。

A. 债券票面利率　　B. 债券价值

C. 债券到期前年数　　D. 到期收益率

12. 下述有关系统风险和非系统风险的说法正确的是(　　)。

A. 系统风险又叫市场风险、不可分散风险

B. 系统风险不能用多元化投资来分散，只能靠更高的报酬率来补偿

C. 非系统风险是每个公司特有的风险，可通过多元化投资分散

D. 非系统风险源于公司自身的商业活动和财务活动，表现为个股报酬率变动脱离整个股市平均报酬率变动

四、判断题

1. 在计算长期证券收益率时，应该考虑资金时间价值因素。(　　)
2. 任何证券都可能存在违约风险。(　　)
3. 投资者选择证券的标准包括价值标准和收益率标准。(　　)
4. 企业进行公司债券投资既面临商品市场风险，也面临金融市场风险。(　　)
5. 避免债券违约风险的方法是分散债券到期日。(　　)

五、思考题

1. 证券投资的目的有哪些？
2. 简述系统风险的主要来源。
3. 证券具有哪些基本特点？
4. 证券投资主要有哪些风险？

第三节　职业能力基础训练

1. 2016年2月，某公司购买某上市公司的股票，购买价格为60元/股，2017年1月公司持有该股票获得现金股利为2元/股，2017年2月公司以70元/股的价格出售该股票，计算该股票的投资收益率。

2. 某股票为固定成长股票，年增长率为5%，预期一年后的股利为6元。现行国库券的收益率为11%，平均风险股票的必要收益率等于16%，而该股票的β系数为1.2，该股票的价值为多少？

3. 某公司打算投资B公司的普通股，预计第1年股利为4元，每年以4%的增长率增长。公司的必要报酬率为6%，则只有该股票价格不高于多少时，投资才比较合算？

4. 某企业购买面值10万元、票面利率8%、期限为5年的债券。每年1月1日与7月1日付息，当时市场利率为12%，计算该债券的价值。该债券市价是92 000元，是否值得购买？如果按债券价值购入了，此时购买债券的到期收益率是多少？

5. 某股东持有K公司股票100股，每股面值100元，投资最低报酬率为20%。预期该公司未来三年股利零增长，每期股利20元。预计从第四年起转为正常增长，增长率为10%。要求计算该公司股票的价值。

6. 某公司的普通股基年股利为6元，估计年股利增长率为6%，期望的收益率为15%，打算两年以后转让出去，估计转让价格为30元。

要求：计算该普通股的价值。

7. 某企业欲将部分闲置资金对外投资，可供选择的A、B两公司股票报酬率及概率分布如表7-1所示。

表7-1　A、B两公司股票报酬率及概率分布

经济概况	概率分布（P_i）	报酬率（k_i）/%	
		A公司	B公司
繁　荣	0.20	40	70
一　般	0.60	20	20
衰　退	0.20	0	-30

要求：

（1）分别计算A、B公司的期望报酬率。

（2）分别计算A、B公司的标准离差。

（3）若想投资于风险较小的公司，请做出合理选择。

第四节　职业能力拓展训练

［**实训一**］

［实训目的］

证券投资决策。

［实训资料］

某公司购买面值10万元、票面利率5%、期限为10年的债券。每年1月1日付息，当时市场利率为7%。

［实训要求］

为该公司做出证券投资决策。

［完成任务］

（1）计算该债券的价值。

（2）若该债券市价是 92 000 元，是否值得购买？

（3）如果按债券价格购入了该债券，并一直持有至到期日，则此时购买债券的到期收益率是多少？

［实训二］

［实训目的］

债券的投资收益率计算。

［实训资料］

某企业于 2017 年 1 月 5 日以每张 1 080 元的价格购买 Y 企业发行的利随本清的企业债券。该债券的面值为 1 000 元，期限为 3 年，票面年利率为 10%，不计复利。购买时市场年利率为 8%。不考虑所得税。

［实训要求］

计算该债券的投资收益率及评价购买决策。

［完成任务］

（1）利用债券估价模型评价企业购买该债券是否合算。

（2）如果企业于 2018 年 1 月 5 日将该债券以 1 200 元的市价出售，计算该债券的投资收益率。

第五节　参考答案

职业判断能力训练答案

一、填空题

1. 投资收益；有价证券；投资。
2. 资金；利益共享；风险共担。
3. 所有；市场；整体。
4. 无法按期支付利息；偿还本金。
5. 不能立即出售。
6. 出售。

二、单项选择题

1. B　　2. B　　3. B　　4. B　　5. C
6. B　　7. A　　8. C

三、多项选择题

1. ABCD　　2. ACD　　3. BCD　　4. AD　　5. ABC
6. ABC　　7. ABD　　8. BC　　9. ABCD　　10. ABC
11. BD　　12. ABCD

四、判断题

1. √　　2. √　　3. √　　4. √　　5. ×

五、思考题

1. 企业，特别是生产经营型企业，一般不应把追求利润最大化作为自己进行证券投资的主要目的（当然，这并不是说进行证券投资不要追求尽可能多的利润），而应把证券投资作为实现企业整体目标的手段之一，围绕企业的整体目标规划自身的证券投资行为。一般来讲，常见的企业证券投资的目的主要有以下几种：

（1）为盈利而进行证券投资。

（2）与筹集长期资金相配合。

（3）为保证未来的资金支付进行证券投资。

（4）满足季节性经营对现金的需求。

（5）进行多样化投资，分散投资风险。

（6）为影响或控制某一企业而进行证券投资。

2. 系统风险的主要来源如下：

（1）宏观经济风险。宏观经济风险是指一个国家的宏观经济发展状况对证券市场的影响。由于人们对前景看好，进入股票市场的资金会不断增多，这些因素会推动股票市场价格上扬。反之，会出现股票市场价格上涨乏力、投资于股市的资金相对减少等情况。

（2）政策风险。政策风险是指因政府有关证券市场的政策发生重大变化、有重要的举措或法规出台引起证券市场的波动而给投资者带来的风险。

（3）市场风险。市场风险是金融投资中最普遍、最常见的风险，这种风险来自于市场买卖双方供求不平衡。

（4）购买力风险。购买力风险也就是通货膨胀风险，是指由于通货膨胀、货币贬值给投资者带来实际收益水平下降的风险。通货膨胀会使证券到期或出售时所获得的货币资金的购买力降低，通货膨胀的存在使投资者在货币收入增加的情况下并不一定能使其财富增值。

（5）利率风险。利率风险也称为货币风险，是指由于货币市场利率的变动引起证券市场价格的波动，从而影响证券投资收益率的变动而带来的风险。股票的收益率同货币市场利息率密切相关。

3. 证券具有流动性、收益性、风险性三个基本特点。

（1）流动性：又称变现性，是指证券可以随时抛售取得现金。

（2）收益性：是指证券持有者凭借证券可以获得相应的报酬。证券收益一般由当前收益和资本利得构成，以股息、红利或利息所表示的收益称为当前收益；由证券价格上升（或下降）而产生的收益（或亏损），称为资本利得或差价收益。

（3）风险性：是指证券投资者达不到预期的收益或遭受各种损失的可能性。证券投资既有可能获得收益，也有可能带来损失，具有很强的不确定性。

4. 证券投资的风险主要源于以下几个方面：

（1）违约风险。证券发行人无法按期支付利息或偿还本金的风险，称为违约风险。一般而言，政府发行的证券违约风险小，金融机构发行的证券次之，工商企业发行的证券违约风险较大。

（2）利息率风险。由于利息率的变动而引起证券价格波动，使投资人遭受损失的风险，叫利息风险率。证券的价格随利息率的变动而变动。

（3）购买力风险。因通货膨胀而使证券到期或出售时所获得的货币资金的购买力降低的风险，称为购买力风险。在通货膨胀时期，购买力风险对投资者有重要影响。

（4）流动性风险。在投资人想出售有价证券获取现金时，证券不能立即出售的风险，叫流动性风险。一种能在较短时期内按市价大量出售的资产，是流动性较高的资产，这种资产的流动性风险较小。

（5）期限性风险。由于证券期限长而给投资人带来的风险，叫期限性风险。一项投资，到期日越长，投资人遭受的不确定性因素就越多，承担的风险越大。例如，同一家企业发行的十年期债券要比一年期债券的风险大，这便是证券的期限性风险。

职业能力基础训练答案

1. $K=(70-60+2)/60\times100\%=20\%$

该股票的投资收益率为20%。

2. $K=11\%+1.2\times(16\%-11\%)=17\%$

$V=d_1/(K-g)=6/(17\%-5\%)=50$（元）

该股票的价值为50元。

3. $V=4/(6\%-4\%)=200$（元）

该股票价格不高于200元时，投资才比较合算。

4. $V=100\ 000\times8\%/2\times(P/A,6\%,10)+100\ 000\times(P/F,12\%,5)$

$=4\ 000\times7.360\ 1+100\ 000\times0.567\ 4$

$=86\ 180.4$（元）

该债券的价值为86 180.4元。

债券市价92 000元高于债券内在价值，不值得购买。

如果按债券价值购入了该债券，此时购买债券的到期收益率是12%。

5. $V=20\times(P/A,20\%,3)+20\times(1+10\%)/(20\%-10\%)\times(P/F,20\%,3)$

$=20\times2.106\ 5+20\times1.1\div10\%\times0.578\ 7$

$=169.44$（元）

该公司股票的价值为169.44元。

6. $P=\dfrac{6\times(1+6\%)}{1+15\%}+\dfrac{6\times(1+6\%)^2}{(1+15\%)^2}+\dfrac{30}{(1+15\%)^2}=33.32$（元）

该普通股的价值为33.32元。

7. （1）A、B公司的期望报酬率分别为：

A公司：

$$K_A=40\%\times0.20+20\%\times0.60+0\times0.20=20\%$$

B公司：

$$K_B=70\%\times0.20+20\%\times0.60+(-30\%)\times0.20=20\%$$

（2）A、B公司的标准离差分别为：

A公司：

$$\sqrt{(40\%-20\%)^2\times0.2+(20\%-20\%)^2\times0.6+(0-20\%)^2\times0.2}=12.56\%$$

B 公司：

$$\sqrt{(70\% - 20\%)^2 \times 0.2 + (20\% - 20\%)^2 \times 0.6 + (-30\% - 20\%)^2 \times 0.2} = 31.62\%$$

（3）由（1）、（2）可知：A 公司标准离差小于 B 公司，而标准离差越小，说明风险越小，因而应选 A 公司。

职业能力拓展训练答案

［**实训一**］

（1）$V = 100\ 000 \times 5\% \times (P/A, 7\%, 10) + 100\ 000 \times (P/F, 7\%, 10)$

$= 5\ 000 \times 7.026\ 3 + 100\ 000 \times 0.508\ 3$

$= 85\ 948$（元）

该债券的价值为 85 948 元。

（2）该债券市价 92 000 元高于债券价值，不值得购买。

（3）$92\ 000 = 5\ 000 \times (P/A, K, 10) + 100\ 000 \times (P/F, K, 10)$

用逐步测试法，设 $K_1 = 6\%$，代入上式右边，则

$V_1 = 5\ 000 \times (P/A, 6\%, 10) + 100\ 000 \times (P/F, 6\%, 10) = 92\ 640.5$（元）

设 $K_2 = 5\%$，$V_2 = 85\ 948$ 元

$K = 6\% + (92\ 640.5 - 92\ 000) / (92\ 640.5 - 85\ 948) \times 1\% = 6.096\%$

如果按债券价格购入了该债券，并一直持有至到期日，则此时购买债券的到期收益率是 6.096%。

［**实训二**］

（1）$V = 1\ 000 \times (1 + 3 \times 10\%) \times (P/F, 8\%, 3)$

$= 1\ 000 \times 1.3 \times 0.793\ 8$

$= 1\ 031.94$（元）

债券买价 1 080 元大于债券价值，购买该债券不合算。

（2）$K = (1\ 200 - 1\ 080 + 1\ 000 \times 10\%) / 1\ 080 = 20.37\%$

该债券的投资收益率为 20.37%。

第八章

财务预算

★专业能力目标

- 理解财务预算的相关概念；
- 了解弹性预算法、零基预算法和滚动预算法的特点；
- 掌握财务预算的构成内容；
- 掌握日常业务预算及专门决策预算的编制方法；
- 掌握现金预算、预计利润表、预计资产负债表的编制方法。

★社会能力目标

- 能根据学习需要查阅有关资料；
- 能够运用财务预算管理的原理和方法，结合企业实际经营活动的特点，进行各类预算的编制。

第一节　相关知识

一、财务预算的概念

全面预算是企业在预测、决策的基础上，以数量和金额的形式反映企业未来一定时期内经营、投资、财务等活动的具体计划，是为实现企业目标而对各种资源和企业活动所做的详细安排。

预算具有两个特征：①预算是为实现企业目标而对各种资源和企业活动做的详细安排，是决策目标的系统化、具体化和定量化，因此，预算必须与企业的战略或目标保持一致；②预算作为一种数量化的详细计划，是未来经营活动的依据，数量化和可执行性是预算最主要的特征。

财务预算是指运用科学的技术手段和数量方法对未来财务活动的内容及指标所进行的具体规划，是专门反映企业未来一定期限内预计财务状况和经营成果以及现金收支等价值指标的各种预算的总称。

财务预算包括反映现金收支活动的现金预算、反映企业财务状况的预计资产负债表以及反映企业财务成果的预计损益表等内容。

二、财务预算体系

各种预算是一个有机联系的整体。一般将由专门决策预算、日常业务预算和财务预算组成的预算体系，称为全面预算体系。

1. 专门决策预算

专门决策预算是指企业不经常发生的、一次性业务的预算。这类预算主要涉及长期建设项目的投资决策，故又称资本支出预算。如企业固定资产的购置、改扩建、更新等，其预算的编制必须建立在投资项目可行性研究的基础之上，以反映投资的时间、规模、收益以及资金的筹措方式。

2. 日常业务预算

日常业务预算是指与企业日常业务直接相关的、具有实质性基本活动的预算。这类预算通常与企业利润表的计算有关，包括销售预算、生产预算、直接材料预算、直接人工预算、制造费用预算、产品成本预算以及销售与管理费用预算等。

3. 财务预算

财务预算通常以价值指标综合反映企业日常业务预算和专门决策预算的结果。

企业全面预算中的各项预算之间相互联系、相互衔接，构成了一个完整的预算体系。财务预算作为全面预算体系中的最后环节，可以从价值方面总括地反映经营期专门决策预算与日常业务预算的结果。

三、财务预算编制的步骤

企业预算以利润为最终目标，并把确定下来的目标利润作为编制预算的前提条件。根据已确定的目标利润，通过市场调查，进行销售预测，编制销售预算。在销售预算的基础上，不同层次、不同项目的预算最后汇总为综合性的现金预算和预计财务报表。

财务预算编制的过程可以归纳为以下几个主要步骤：①根据销售预测编制销售预算；②根据销售预算确定的预计销售量，结合产成品的期初结存量和预计期末结存量编制生产预算；③根据生产预算确定的预计生产量，先分别编制直接材料预算、直接人工预算和制造费用预算，然后汇总编制产品成本预算；④根据销售预算编制销售及管理费用预算；⑤根据销售预算和生产预算估计所需要的固定资产投资，编制资本支出预算；⑥根据执行以上各项预算所产生和必需的现金流量，编制现金预算；⑦综合以上各项预算，进行试算平衡，编制预计财务报表。

四、预算的编制方法

1. 增量预算法与零基预算法

增量预算法是指在基期成本费用水平的基础上，结合预算期业务量水平及有关降低成本的措施，通过调整原有关成本费用项目而编制预算的方法。

零基预算法也称零底预算法，是指在编制预算的时候，不考虑以往会计期间所发生的费用项目或费用数额，而是一切以零为出发点，根据实际需要逐项审议预算期内各项费用的内容及开支标准是否合理，进行综合平衡，从而确定预算费用的方法。简单来说，这种预算方法不是以历史为基础进行修修补补，而是以零为出发点，一切推倒重来。

2. 固定预算法与弹性预算法

固定预算法又称静态预算法，是指把企业预算期的业务量固定在某一预计水平上，以此为基础来确定其他项目预计数的预算方法。

弹性预算法又称动态预算法，是指在成本习性分析的基础上，以业务量、成本和利润之间的依存关系为依据，根据预算期可预见的不同业务量水平编制能适应多种业务量的预算的方法。

弹性成本预算的具体编制方法分为公式法和列表法两种。

（1）公式法。公式法是在成本习性分析的基础上，运用总成本性态模型，测算预算期的成本费用数额，并编制成本费用预算的方法。

根据成本性态，成本与业务量之间的数量关系可用公式表示为

$$y = A + bx$$

式中 y——某项预算成本总额；

A——该项成本中的预算固定成本额；

b——该项成本中的预算单位变动成本额；

x——预计业务量。

当 $A = 0$ 时，y 为变动成本；当 $b = 0$ 时，y 为固定成本；当 A、b 均不等于 0 时，y 为混合成本。

（2）列表法。列表法是在预计的业务量范围内将业务量分为若干个水平，然后按不同的业务量水平编制预算的方法。

应用列表法编制预算，首先要在确定的业务量范围内划分出若干个不同水平，然后分别计算各项预算值，汇总列入一个预算表格。

3. 定期预算法与滚动预算法

编制预算的方法按其预算期的时间特征不同，可分为定期预算法和滚动预算法两大类。定期预算法就是以会计年度为单位编制各类预算的方法。其优点在于能够使预算期间与会计年度相配合，便于考核和评价预算的执行结果；其缺点是有盲目性、滞后性、间断性。滚动预算法又称连续预算法或永续预算法，是指在编制预算时，将预算期与会计期间脱离，随着预算的执行不断地补充预算，逐期向后滚动，使预算期始终保持为一个固定长度（一般为 12 个月）的一种预算方法。采用滚动预算法编制预算，按照滚动的时间单位不同可分为逐月滚动、逐季滚动和混合滚动。

五、日常业务预算的编制

1. 销售预算

销售预算指在销售预测的基础上编制的，用于规划预算期销售活动的一种业务预算。销售预算是整个预算的编制起点，其他预算的编制都以销售预算作为基础。销售预算的主要内

容是销售量、单价和销售收入。其中销售量是根据市场预测或销售合同并结合企业生产能力确定的，单价是通过价格决策确定的，销售收入是两者的乘积。

销售预算通常还包括预计现金收入的计算，以便为编制现金预算提供必要的信息，其计算公式为

预算期经营现金收入 = 该期现销收入 + 该期回收前期的应收账款

2. 生产预算

生产预算是在销售预算的基础上编制的，主要内容有销售量、期初和期末产成品存货以及生产量。

3. 直接材料预算

直接材料预算是以生产预算为基础编制的，同时要考虑原材料存货水平。

4. 直接人工预算

直接人工预算是指为规划一定预算期内人工工时的消耗水平和人工成本水平而编制的一种经营预算。其主要内容有预计生产量、单位产品工时、人工总工时、每小时人工成本和人工总成本。其中预计生产量来自生产预算，单位产品工时和每小时人工成本数据来自标准成本资料，人工总工时和人工总成本可通过前几项计算得到。

5. 制造费用预算

制造费用预算通常分为变动制造费用预算和固定制造费预算用两部分。变动制造费用预算以生产预算为基础来编制。如果有完善的标准成本资料，用单位产品的标准成本与产量相乘，即可得到相应的预算金额。如果没有标准成本资料，就需要逐项预计计划产量需要的各项制造费用。固定制造费用预算需要逐项进行预计，通常与本期产量无关，按每季度实际需要的支付额预计，然后求出全年数。

6. 产品成本预算

产品成本预算是销售预算、生产预算、直接材料预算、直接人工预算、制造费用预算的汇总。其主要内容是产品的单位成本和总成本。成本的有关数据，来自前述三个生产量，期末存货量来自生产预算，销售量来自销售预算。生产成本、存货成本和销货成本等数据，根据单位成本和有关数据计算得出。

7. 销售及管理费用预算

销售及管理费用预算是以销售预算为基础，在对以往费用支出的必要性、合理性以及效益性进行充分分析，并按照成本习性分为变动性销售及管理费用和固定性销售及管理费用后分别进行编制。其编制方法与制造费用预算类似。

六、现金预算

现金预算是指用于规划预算期现金收入、现金支出和资本融通的一种财务预算。这里的现金是指企业的库存现金和银行存款等货币资金。编制现金预算的主要依据包括涉及现金收入和支出的销售预算、直接材料预算、直接人工预算、制造费用预算、销售及管理费用预算及有关的专门决策预算等资料。编制现金预算的目的，在于合理地处理现金收支业务，正确地调度资金，保证企业资金的正常流转。

七、预计利润表

预计利润表是指以货币形式综合反映预算期内企业经营活动成果（包括利润总额、净

利润）计划水平的一种财务预算。该预算需要在销售预算、产品成本预算、制造费用预算、销售及管理费用预算等日常业务预算以及专门决策预算的基础上编制。

八、预计资产负债表

预计资产负债表是以货币单位反映预算期期末财务状况的一种总括性预算。该预算编制时要依据销售预算、生产预算、现金预算等有关数据，在预算期期初数上加以分析、调整填制。其目的在于判断预算反映的财务状况的稳定性和流动性，必要时可采取相应措施。

第二节　职业判断能力训练

一、填空题

1. 全面预算是企业在预测、决策的基础上，以数量和金额的形式反映企业未来一定时期内________、________、________等活动的具体计划，是为实现企业目标而对各种资源和企业活动所做的详细安排。

2. 预算是为实现企业目标而对各种资源和企业活动做的详细安排，是决策目标的________、________和________，因此，预算必须与企业的战略或目标保持一致。

3. 预算作为一种数量化的详细计划，是未来经营活动的依据，________和________是预算最主要的特征。

4. 财务预算包括反映现金收支活动的________、反映企业财务状况的________以及反映企业财务成果的________等内容。

5. 各种预算是一个有机联系的整体。一般将由________、________和________组成的预算体系，称为全面预算体系。

6. ________是指在基期成本费用水平的基础上，结合预算期业务量水平及有关降低成本的措施，通过调整原有关成本费用项目而编制预算的方法。

7. 固定预算法又称________，是指把企业预算期的业务量固定在某一预计水平上，以此为基础来确定其他项目预计数的预算方法。

8. 弹性成本预算的具体编制方法分为________和________两种。

二、单项选择题

1. 下列各项中，综合性较强的预算是(　　)。

A. 销售预算　B. 材料采购预算　C. 现金预算　D. 资本支出预算

2. 根据全面预算体系的分类，下列预算中属于财务预算的是(　　)。

A. 销售预算　B. 现金预算　C. 直接材料预算　D. 直接人工预算

3. 随着预算执行不断补充预算，但始终保持一个固定预算期长度的预算编制方法是(　　)。

A. 滚动预算法　B. 弹性预算法　C. 零基预算法　D. 定期预算法

4. 下列各项预算编制方法中，不受现有费用项目和现行预算束缚的是(　　)。

A. 定期预算法　B. 固定预算法　C. 弹性预算法　D. 零基预算法

5. 下列各项中，不属于零基预算法优点的是(　　)。
A. 编制工作量小　　B. 不受现有预算的约束
C. 不受现有费用项目的限制　　D. 能够调动各方节约费用的积极性
6. 下列预算编制方法中，可能导致无效费用开支项目无法得到有效控制的是(　　)。
A. 增量预算法　　B. 弹性预算法　　C. 滚动预算法　　D. 零基预算法
7. 运用零基预算法编制预算，需要逐项进行成本效益分析的费用项目是(　　)。
A. 可避免费用　　B. 不可避免费用　　C. 可延缓费用　　D. 不可延缓费用
8. 下列各项中，可能会使预算期间与会计期间相分离的预算方法是(　　)。
A. 增量预算法　　B. 弹性预算法　　C. 滚动预算法　　D. 零基预算法
9. 与传统定期预算方法相比，属于滚动预算方法缺点的是(　　)。
A. 预算工作量大　　B. 透明度低　　C. 及时性差　　D. 连续性弱
10. 下列各项中，不会对预计资产负债表中存货金额产生影响的是(　　)。
A. 生产预算　　B. 直接材料预算　　C. 销售费用预算　　D. 产品成本预算
11. 下列预算中，在编制时不需以生产预算为基础的是(　　)。
A. 变动制造费用预算　　B. 销售费用预算
C. 产品成本预算　　D. 直接人工预算
12. 下列各项中，不属于滚动预算法的滚动方式的是(　　)。
A. 逐年滚动方式　　B. 逐季滚动方式
C. 逐月滚动方式　　D. 混合滚动方式
13. 下列各项费用预算项目中，最适宜采用零基预算编制方法的是(　　)。
A. 人工费　　B. 培训费　　C. 材料费　　D. 折旧费
14. 下列关于生产预算的表述中，错误的是(　　)。
A. 生产预算是一种日常业务预算
B. 生产预算不涉及实物量指标
C. 生产预算以销售预算为基础编制
D. 生产预算是直接材料预算的编制依据
15. 下列各项中，没有直接在现金预算中得到反映的是(　　)。
A. 期初、期末现金余额　　B. 现金筹措及运用
C. 预算期产量和销量　　D. 预算期现金余缺

三、多项选择题

1. 企业预算最主要的特征有(　　)。
A. 数量化　　B. 表格化　　C. 可伸缩性　　D. 可执行性
2. 下列各项中，属于业务预算的有(　　)。
A. 销售预算　　B. 现金预算　　C. 生产预算　　D. 销售费用预算
3. 下列关于财务预算的表述中，正确的有(　　)。
A. 财务预算多为长期预算
B. 财务预算又被称作总预算
C. 财务预算是全面预算体系的最后环节
D. 财务预算主要包括现金预算和预计财务报表

4. 运用公式“$y = A + bx$”编制弹性预算，字母 x 所代表的业务量可能有(　　)。

A. 生产量　B. 销售量　C. 库存量　D. 材料消耗量

5. 下列各项预算中，与编制利润表预算直接相关的有(　　)。

A. 销售预算　B. 生产预算

C. 产品成本预算　D. 销售及管理费用预算

6. 在编制现金预算时，计算某期现金余缺必须考虑的因素有(　　)。

A. 期初现金余额　B. 期末现金余额

C. 当期现金支出　D. 当期现金收入

7. 在编制生产预算时，计算某种产品预计生产量应考虑的因素包括(　　)。

A. 预计材料采购量　B. 预计产品销售量

C. 预计期初产品存货量　D. 预计期末产品存货量

8. 滚动预算法的优点包括(　　)。

A. 透明度高　B. 及时性强　C. 连续性好　D. 完整性支出

9. (　　)是在生产预算的基础上编制的。

A. 直接材料预算　B. 直接人工预算

C. 产品成本预算　D. 管理费用预算

10. 现金预算的编制基础包括(　　)。

A. 销售预算　B. 专门决策预算

C. 销售费用预算　D. 预计利润表

11. 下列关于全面预算中的利润表预算编制的说法中，正确的有(　　)。

A. “销售收入”项目的数据，来自销售预算

B. “销货成本”项目的数据，来自生产预算

C. “销售及管理费用”项目的数据，来自销售及管理费用预算

D. “所得税费用”项目的数据，通常是根据利润表预算中的“利润”项目金额和本企业适用的法定所得税税率计算出来的

12. 用列表法编制的弹性预算，主要特点有(　　)。

A. 不管实际业务量多少，不必经过计算即可找到与实际业务量相近的预算成本，控制成本比较方便

B. 混合成本中的阶梯成本和曲线成本可按其性态直接在预算中反映

C. 评价和考核实际成本时往往需要使用插值法计算实际业务量的预算成本

D. 不以成本性态分析为前提

13. 某批发企业销售甲商品，第三季度各月预计的销售量分别为 1 000 件、1 200 件和 1 100件，企业计划每月月末商品存货量为下月预计销售量的20%。下列各项预计中，正确的有(　　)。

A. 8 月期初存货为 240 件　B. 8 月采购量为 1 180 件

C. 8 月期末存货为 220 件　D. 第三季度采购量为 3 300 件

14. 增量预算法的优点包括(　　)。

A. 操作简单　B. 工作量小

C. 能够控制原有无效费用　D. 不受现行预算的约束

15. 弹性成本预算的具体编制方法有(　　)。

A. 公式法　　B. 列表法　　C. 成本法　　D. 滚动法

四、判断题

1. 财务预算能够综合反映各项业务预算和各项专门决策预算，因此称为总预算。(　　)

2. 采用弹性预算法编制成本费用预算时，业务量计量单位的选择非常关键，自动化生产车间适合用机器工时作为业务量的计量单位。(　　)

3. 零基预算法是为克服固定预算法的缺点而设计的一种先进预算方法。(　　)

4. 在财务预算的编制过程中，编制预计财务报表的正确程序是：先编制预计资产负债表，然后编制预计利润表。(　　)

5. 在编制预计资产负债表时，对表中的年初项目和年末项目均需根据各种日常业务预算和专门决策预算的预计数据分析填列。(　　)

6. 企业财务管理部门应当利用报表监控预算执行情况，及时提供预算执行进度、执行差异信息。(　　)

7. 从三大类预算的关系看，财务预算是其他预算的基础。(　　)

8. 生产预算是编制全面预算的关键和起点。(　　)

五、思考题

1. 何谓预算？预算的特征有哪些？

2. 财务预算包括哪些内容？

3. 全面预算体系包括哪些内容？

4. 财务预算包括哪些步骤？

5. 增量预算法与零基预算法的优缺点各有哪些？

第三节　职业能力基础训练

1. A 公司制造费用中燃料费用与机器工时密切相关，预计预算期固定燃料费用为 5 000 元，单位工时的变动燃料费用为 10 元，预算期机器总工时为 2 000 小时，则预算期燃料费用预算总额是多少？

2. B 公司计划期期初应付账款余额为 200 万元，1—3 月采购金额分别为 500 万元、600 万元和 800 万元，每月的采购款当月支付 70%，次月支付 30%。则预计第一季度现金支出额是多少？

3. 假定 C 公司在计划年度生产和销售某产品，该产品每季度销售收入在本季度收到现金 60%，剩余款项在下一季度收回。假定计划期期初应收账款为 40 万元，第一、第二、第三、第四季度销售额分别为 80 万元、90 万元、120 万元、60 万元，那么第三季度的现金收入是多少？

4. D 公司各季度末的产成品存货按下一季度销售量的 10% 计算。计划期期初存货为 100 件；预计下一年度第一、第二、第三、第四季度的销量分别为 100 件、120 件、150 件、200 件，那么第三季度存货的预计生产量应为多少？

5. E公司正在编制第四季度的直接材料消耗与采购预算，预计直接材料的期初存量为1 000千克，本期生产消耗量为3 500千克，期末存量为800千克；材料采购单价为每千克25元，材料采购货款有30%当季付清，其余70%在下一季度付清。该公司第四季度采购材料形成的应付账款期末余额是多少？

6. F公司2016年第一季度产品生产量预算为1 500件，单位产品材料用量5千克/件，年初材料库存量1 000千克，第一季度还要根据第二季度生产耗用材料的10%安排季末存量，预计第二季度生产耗用7 800千克材料。材料采购价格预计12元/千克，年初应付账款为20 000元，企业各季度采购金额中60%当季付现，40%下一季度付现，则该企业第一季度材料采购量、采购金额和材料现金支出各是多少？

7. G公司只生产一种产品，产品售价8元/件。2015年12月销售20 000件，2016年1月预计销售30 000件，2016年2月预计销售40 000件。根据经验，商品售出后当月可收回货款的60%，次月收回30%，再次月收回10%。

（1）2016年2月预计现金收入为多少？

（2）2016年2月末应收账款为多少？

8. H公司预算期单位产品直接人工的工时定额为3工时，每小时人工成本为4元。预算年度四个季度的生产量分别为1 200件、1 100件、1 500件、1 200件，则预算年度该产品的直接人工总成本是多少？

9. J公司的变动销售及管理费用涉及销售佣金、运输费、广告费，分别占销售收入的2%、3%、5%，而固定销售费用涉及管理人员薪金、办公用品及其他杂项，金额分别为5 000元/季度、2 000元/季度和1 000元/季度，预计J公司全年销售收入为100 000元，则预算年度的销售及管理费用是多少？

10. K公司2016年1—3月实际销售额分别为38 000万元、36 000万元和41 000万元，预计4月销售额为40 000万元。每月销售收入中有70%能于当月收现，20%于次月收现，10%于第三个月收讫，不存在坏账。假定该公司销售的产品在流通环节只需缴纳消费税，税率为10%，并于当月以现金缴纳。该公司3月月末现金余额为80万元，应付账款余额为5 000万元（需在4月付清），不存在其他应收应付款项。

4月有关项目预计资料如下：采购材料8 000万元（当月付款70%）；工资及其他支出8 400万元（用现金支付）；制造费用8 000万元（其中折旧费等非付现费用为4 000万元）；营业费用和管理费用1 000万元（用现金支付）；预缴所得税1 900万元；购买设备12 000万元（用现金支付）。现金不足时，通过向银行借款解决，借款是10万元的整数倍。借款年利息率为12%，借款在期初，还款在期末，每月月末支付借款利息。假设企业4月月初没有借款，4月月末现金余额要求不低于100万元。

要求：根据上述资料，计算该公司4月的下列预算指标：

（1）现金流入；

（2）现金流出；

（3）现金余缺；

（4）应向银行借款的最低金额；

（5）现金的期末余额；

（6）4月月末应收账款余额。

第四节　职业能力拓展训练

［实训一］

［实训目的］

制造费用预算。

［实训资料］

甲公司采用滚动预算法编制制造费用预算。已知2017年分季度的制造费用预算如表8-1所示（其中间接材料费用忽略不计）。

表8-1　2017年全年制造费用预算　　单位：元

2017年度					合计
项目	第一季度	第二季度	第三季度	第四季度	
直接人工预算总工时/小时	11 400	12 060	12 360	12 600	48 420
变动制造费用					
间接人工费用	50 160	53 064	54 384	55 440	213 048
水电与维修费用	41 040	43 416	44 496	45 360	174 312
小计	91 200	96 480	98 880	100 800	387 360
固定制造费用					
设备租金	38 600	38 600	38 600	38 600	154 400
管理人员工资	17 400	17 400	17 400	17 400	69 600
合计	56 000	56 000	56 000	56 000	224 000
制造费用合计	147 200	152 480	154 880	156 800	611 360

2017年3月31日公司在编制2017年第二季度至2018年第一季度滚动预算时，发现未来的四个季度中将出现以下情况：

（1）间接人工费用预算工时分配率将上涨50%。

（2）原设备租赁合同到期，公司新签订的租赁合同中设备年租金将降低20%。

（3）预计直接人工总工时见表8-2。假定水电与维修费用预算工时分配率等其他条件不变。

［实训要求］

为该公司编制制造费用预算。

［完成任务］

（1）以直接人工工时为分配标准，计算下一滚动期间的如下指标：①间接人工费用预算工时分配率；②水电与维修费用预算工时分配率。

（2）根据有关资料计算下一滚动期间的如下指标：①间接人工费用总预算额；②每季度设备租金预算额。

（3）计算表8-2中用字母表示的项目（可不写计算过程）。

表 8-2　2017 年第二季度至 2018 年第一季度制造费用预算　　单位：元

项目	2017 年度			2018 年度	合计
	第二季度	第三季度	第四季度	第一季度	
直接人工预算总工时/小时	12 100	（略）	（略）	11 720	48 420
变动制造费用					
间接人工费用	（*A*）	（略）	（略）	（*B*）	（略）
水电与维修费用	（*C*）	（略）	（略）	（*D*）	（略）
合计	（略）	（略）	（略）	（略）	493 884
固定制造费用					
设备租金	（*E*）	（略）	（略）	（略）	（略）
管理人员工资	（*F*）	（略）	（略）	（略）	（略）
合计	（略）	（略）	（略）	（略）	（略）
制造费用合计	171 700	（略）	（略）	（略）	687 004

［**实训二**］

［实训目的］

销售预算。

［实训资料］

乙公司编制 2017 年的销售预算，销售的预计资料如表 8-3 所示。

表 8-3　销售的预计资料

	第一季度	第二季度	第三季度	第四季度	全年
预计销售量/件	100	150	200	180	630
预计单位售价/元	200	200	200	200	200

预计公司每季度销售收入中，本季度收到现金 60%，另外的 40% 要到下季度才能收到，2016 年年末的应收账款金额为 6 200 元。

［实训要求］

为该公司编制销售预算。

［完成任务］

（1）根据上述资料编制乙公司 2017 年度销售预算（表 8-4）。

表 8-4　乙公司 2017 年度销售预算　　单位：元

	第一季度	第二季度	第三季度	第四季度	全年
预计销售量/件					
预计单位售价					
销售收入					
预计现金收入	—	—	—	—	—
上年应收账款					

续表

	第一季度	第二季度	第三季度	第四季度	全年
第一季度					
第二季度					
第三季度					
第四季度					
现金收入合计					

（2）计算乙公司2017年年末应收账款。

[实训三]

[实训目的]

现金预算。

[实训资料]

丙公司2014年年末的长期借款余额为12 000万元，短期借款余额为0。该公司的最佳现金持有量为500万元，如果资金不足，可向银行借款。假设：银行要求借款的金额是100万元的倍数，而偿还本金的金额是10万元的倍数；新增借款发生在季度期初，偿还借款本金发生在季度期末，先偿还短期借款；借款利息按季度平均计提，并在季度期末偿还。

丙公司编制了2015年分季度的现金预算，部分信息如表8-5所示。

表8-5　丙公司2015年现金预算的部分信息　　单位：万元

	第一季度	第二季度	第三季度	第四季度
现金余缺	-7 500	(*C*)	×	-450
长期借款	6 000	0	5 000	0
短期借款	2 600	0	0	(*E*)
偿还短期借款	0	1 450	1 150	0
偿还短期借款利息（年利率8%）	52	(*B*)	(*D*)	×
偿还长期借款利息（年利率12%）	540	540	×	690
期末现金余额	(*A*)	503	×	×

[实训要求]

为该公司完成现金预算。

[完成任务]

确定表8-5中英文字母代表的数值（不需要列示计算过程）。

[实训四]

[实训目的]

产品成本预算。

[实训资料]

丁公司单位产品预算资料如下：单位产品的材料用量为10千克，材料单价为5元/千克，单位产品的加工工时为10小时，每小时的人工成本为2元，变动制造费用预算分配率为0.5元/小时，固定制造费用预算分配率为1.5元/小时。本年预算的产品生产量为640件，销售量为630件，期末存货量为20件。

[实训要求]

为丁公司编制产品成本预算。

[完成任务]

编制产品成本预算（表 8-6）。

表 8-6　产品成本预算　　单位：元

项目	单位成本			生产成本（640 件）	期末存货（20 件）	销货成本（630 件）
	每千克或每小时	投入量	成本			
直接材料						
直接人工						
变动制造费用						
固定制造费用						
合计						

[实训五]

[实训目的]

制造费用预算。

[实训资料]

戊公司各季度预计生产量为 105 件、155 件、198 件、182 件，单位变动成本预算为间接人工每件 1 元，间接材料每件 1 元，修理费每件 2 元，水电费每件 1 元。单位产品工时为 10 小时，固定制造费用预算数如表 8-7 所示，每季度固定制造费用中包含的折旧费用为1 000元。

[实训要求]

为该公司编制制造费用预算。

[完成任务]

（1）编制制造费用预算表（表 8-7）。

表 8-7　制造费用预算表　　单位：元

	第一季度	第二季度	第三季度	第四季度	全年
变动制造费用：					
间接人工（1 元/件）					
间接材料（1 元/件）					
修理费（2 元/件）					
水电费（1 元/件）					
小计					
固定制造费用：					
修理费	1 000	1 140	900	900	3 940
折旧	1 000	1 000	1 000	1 000	4 000
管理人员工资	200	200	200	200	800
保险费	75	85	110	190	460
财产税	100	100	100	100	400
小计	2 375	2 525	2 310	2 390	9 600

续表

	第一季度	第二季度	第三季度	第四季度	全年
合计	2 900	3 300	3 300	3 300	12 800
减：折旧	1 000	1 000	1 000	1 000	4 000
现金支出的费用					

（2）计算预算的变动制造费用小时费用分配率和固定制造费用小时费用分配率。

第五节 参考答案

职业判断能力训练答案

一、填空题

1. 经营；投资；财务。
2. 系统化；具体化；定量化。
3. 数量化；可执行性。
4. 现金预算；预计资产负债表；预计损益表。
5. 专门决策预算；日常业务预算；财务预算。
6. 增量预算法。
7. 静态预算法。
8. 公式法；列表法。

二、单项选择题

1. C　2. B　3. A　4. D　5. A
6. A　7. A　8. C　9. A　10. C
11. B　12. A　13. B　14. B　15. C

三、多项选择题

1. AD　2. ACD　3. BCD　4. ABD　5. ACD
6. ACD　7. BCD　8. ABCD　9. ABC　10. ABC
11. AC　12. ABC　13. ABC　14. AB　15. AB

四、判断题

1. √　2. √　3. ×　4. ×　5. ×
6. √　7. ×　8. ×

五、思考题

1. 预算是企业在预测、决策的基础上，以数量和金额的形式反映企业未来一定时期内经营、投资、财务等活动的具体计划，是为实现企业目标而对各种资源和企业活动所做的详细安排。

预算具有两个特征：①预算是为实现企业目标而对各种资源和企业活动做的详细安排，是决策目标的系统化、具体化和定量化，因此，预算必须与企业的战略或目标保持一致；②预算作为一种数量化的详细计划，是未来经营活动的依据，数量化和可执行性是预算最主要的特征。

2. 财务预算包括反映现金收支活动的现金预算、反映企业财务状况的预计资产负债表以及反映企业财务成果的预计损益表等内容。

现金预算又称现金收支预算，是反映企业在预算期内全部现金流入和现金流出，以及由此预计的现金收支所产生的结果的预算。现金预算以销售预算、成本与费用预算、预计资本支出预算等为基础编制，是财务预算的核心。

预计资产负债表是总括反映预算期内企业财务状况的一种财务预算。它是以期初资产负债表为基础，根据销售、生产、资本等预算的有关数据加以调整编制的。

预计损益表是综合反映预算期内企业经营活动成果的一种财务预算。它是根据销售产品成本、费用等预算的有关资料编制的。

3. 一般将由专门决策预算、日常业务预算和财务预算组成的预算体系，称为全面预算体系。

专门决策预算是指企业不经常发生的、一次性业务的预算。这类预算主要涉及长期建设项目的投资决策，故又称资本支出预算。如企业固定资产的购置、改扩建、更新等，其预算的编制必须建立在投资项目可行性研究的基础之上，以反映投资的时间、规模、收益以及资金的筹措方式。

日常业务预算是指与企业日常业务直接相关的、具有实质性的基本活动的预算。这类预算通常与企业利润表的计算有关，包括销售预算、生产预算、直接材料预算、直接人工预算、制造费用预算、产品成本预算以及销售与管理费用预算等。

财务预算通常以价值指标综合反映企业日常业务预算和专门决策预算的结果。

企业全面预算中的各项预算之间相互联系、相互衔接，构成了一个完整的预算体系。财务预算作为全面预算体系中的最后环节，可以从价值方面总括地反映经营期专门决策预算与日常业务预算的结果。

4. 企业预算以利润为最终目标，并把确定下来的目标利润作为编制预算的前提条件，根据已确定的目标利润，通过市场调查，进行销售预测，编制销售预算。在销售预算的基础上，不同层次、不同项目的预算最后汇总为综合性的现金预算和预计财务报表。

财务预算编制的过程可以归结为以下几个主要步骤：①根据销售预测编制销售预算；②根据销售预算确定的预计销售量，结合产成品的期初结存量和预计期末结存量编制生产预算；③根据生产预算确定的预计生产量，先分别编制直接预算、直接人工预算和制造费用预算，然后汇总编制产品成本预算；④根据销售预算编制销售及管理费用预算；⑤根据销售预算和生产预算估计所需要的固定资产投资，编制资本支出预算；⑥根据执行以上各项预算所产生和必需的现金流量，编制现金预算；⑦综合以上各项预算，进行试算平衡，编制预计财务报表。

5. 增量预算法是指在基期成本费用水平的基础上，结合预算期业务量水平及有关降低成本的措施，通过调整原有关成本费用项目而编制预算的方法。其优点是：操作较为简单，工作量较小。其缺点是：其优点是：无效费用开支项目无法得到有效控制，因为不加分析地保留或接受原有的成本费用项目，可能使原来不合理的费用继续开支，而得不到控制，形成不必要开支合理化，造成预算上的浪费。

零基预算法也称零底预算法，是指在编制预算的时候，不考虑以往会计期间所发生的费用项目或费用数额，而是一切以零为出发点，根据实际需要逐项审议预算期内各项费用的内容及开支标准是否合理，进行综合平衡，从而确定预算费用的方法。零基预算法的优点包括不受现有费用项目的限制；不受现行预算的束缚；能够调动各方面节约费用的积极性；有利于促使各基层单位精打细算，合理使用资金。其缺点是编制工作量大。

职业能力基础训练答案

1. 预算期燃料费用预算总额 =5 000 +2 000 ×10 =25 000（元）
2. 预计第一季度现金支出额 =200 +500 +600 +800 ×70% =1 860（万元）
3. 第三季度的现金收入 = 上季度销售收入 ×40% + 本季度销售收入 ×60%
   =90 ×40% +120 ×60%
   =108（万元）
4. 预计生产量 = 预计销售量 + 预计期末存货量 - 预计期初存货量
   =150 +200 ×10% -150 ×10%
   =155（件）
5. 第四季度采购量 =3 500 +800 -1 000 =3 300（千克）
   第四季度采购金额 =3 300 ×25 =82 500（元）
   第四季度采购材料形成的应付账款期末余额 =82 500 ×70% =57 750（元）
6. 第一季度材料采购量 =1 500 ×5 +7 800 ×10% -1 000 =7 280（千克）
   第一季度采购金额 =7 280 ×12 =87 360（元）
   第一季度材料现金支出 =87 360 ×60% +20 000 =72 416（元）
7. （1）预计现金收入 =40 000 ×8 ×60% +30 000 ×8 ×30% +20 000 ×8 ×10%
   =280 000（元）
   （2）应收账款 =40 000 ×8 ×40% +30 000 ×8 ×10% =152 000（元）
8. 预计人工总工时 = 预计生产量 × 单位产品工时
   =（1 200 +1 100 +1 500 +1 200）×3 =15 000（小时）
   预计人工总成本 = 预计人工总工时 × 每小时人工成本
   =15 000 ×4 =60 000（元）
9. 变动销售及管理费用 =（2% +3% +5%）×100 000 =10 000（元）
   固定销售及管理费用 =（5 000 +2 000 +1 000）×4 =32 000（元）
   预算年度的销售及管理费用 =10 000 +32 000 =42 000（元）
10. （1）现金流入 =36 000 ×10% +41 000 ×20% +40 000 ×70% =39 800（万元）

（2）现金流出 =（8 000 ×70% +5 000）+8 400 +（8 000 -4 000）+1 000 +40 000 ×10% +1 900 +12 000 =41 900（万元）

（3）现金余缺 = 期初余额 + 现金流入 - 现金流出 =80 +39 800 -41 900 = -2 020（万元）

（4）-2 020 + 借款 - 借款 ×1% ≥100（万元），借款≥2 141.41 万元，借款 =2 150 万元

（5）现金的期末余额 = -2 020 +2 150 -2 150 ×1% =108.5（万元）

（6）4 月月末应收账款余额 =41 000 ×10% +40 000 ×30% =16 100（万元）

职业能力拓展训练答案

［实训一］

（1）以直接人工工时为分配标准，计算下一滚动期间的如下指标：

①间接人工费用预算工时分配率＝（213 048/48 420）×（1＋50%）＝6.6（元/小时）

②水电与维修费用预算工时分配率＝174 312/48 420＝3.6（元/小时）

（2）根据有关资料计算下一滚动期间的如下指标：

①间接人工费用总预算额＝48 420×6.6＝319 572（元）

②每季度设备租金预算额＝38 600×（1－20%）＝30 880（元）

（3）A＝6.6×12 100＝79 860（元）　C＝3.6×12 100＝43 560（元）

B＝6.6×11 720＝77 352（元）　D＝3.6×11 720＝42 192（元）

E＝30 880 元　F＝17 400 元

［实训二］

（1）乙公司 2017 年度销售预算见表 8-8。

表 8-8　乙公司 2017 年度销售预算　　单位：元

	第一季度	第二季度	第三季度	第四季度	全年
预计销售量/件	100	150	200	180	630
预计单位售价	200	200	200	200	200
销售收入	20 000	30 000	40 000	36 000	126 000
预计现金收入	—	—	—	—	—
上年应收账款	6 200				6 200
第一季度	12 000	8 000			20 000
第二季度		18 000	12 000		30 000
第三季度			24 000	16 000	40 000
第四季度				21 600	21 600
现金收入合计	18 200	26 000	36 000	37 600	117 800

（2）年末应收账款＝36 000×40%＝14 400（元）

［实训三］

A＝－7 500＋6 000＋2 600－52－540＝508（万元）

B＝2 600×8%/4＝52（万元）

本例已经说明了利息支付方式，所以不能默认为是利随本清，而是将所有短期借款利息分摊到各季度，由于 1 450 万元是季末归还的，所以本季度还是归还原借款 2 600 万元一个季度的利息，也就是与第一季度利息相同。

C－1 450－52－540＝503，得出 C＝503＋540＋52＋1 450＝2 545（万元）

D＝（2 600－1 450）×8%/4＝23（万元）

道理同 B 的计算，1 150 万元是季度末归还的，所以本季度还是要计算利息，即要计算本季度初短期借款（2 600 - 1 450）万元一个季度的利息。

$-450+E-690-E\times8\%/4\geqslant500$，得出 $E\geqslant1\ 673.47$

银行要求借款的金额是 100 万元的倍数，所以 $E=1\ 700$ 万元。

［**实训四**］

产品成本预算编制如表 8-9 所示。

表 8-9　产品成本预算　　单位：元

项目	单位成本			生产成本（640 件）	期末存货（20 件）	销货成本（630 件）
	每千克或每小时	投入量	成本			
直接材料	5	10 千克	50	32 000	1 000	31 500
直接人工	2	10 小时	20	12 800	400	12 600
变动制造费用	0.5	10 小时	5	3 200	100	3 150
固定制造费用	1.5	10 小时	15	9 600	300	9 450
合计			90	57 600	1 800	56 700

［**实训五**］

（1）制造费用预算表见表 8-10。

表 8-10　制造费用预算表　　单位：元

	第一季度	第二季度	第三季度	第四季度	全年
变动制造费用：					
间接人工（1 元/件）	105	155	198	182	640
间接材料（1 元/件）	105	155	198	182	640
修理费（2 元/件）	210	310	396	364	1 280
水电费（1 元/件）	105	155	198	182	640
小计	525	775	990	910	3 200
固定制造费用：					
修理费	1 000	1 140	900	900	3 940
折旧	1 000	1 000	1 000	1 000	4 000
管理人员工资	200	200	200	200	800
保险费	75	85	110	190	460
财产税	100	100	100	100	400
小计	2 375	2 525	2 310	2 390	9 600
合计	2 900	3 300	3 300	3 300	12 800
减：折旧	1 000	1 000	1 000	1 000	4 000
现金支出的费用	1 900	2 300	2 300	2 300	8 800

（2）预算总工时 = 640 × 10 = 6 400（小时）

变动制造费用小时费用分配率 = 3 200/6 400 = 0.5（元/小时）

固定制造费用小时费用分配率 = 9 600/6 400 = 1.5（元/小时）

第九章

财务控制

★专业能力目标

- 领会财务控制的含义、企业意义和社会意义；
- 掌握企业财务控制的主要具体措施；
- 能够描述、分析企业重点业务活动的主要风险点及其控制措施。

★社会能力目标

- 能根据学习需要查阅有关资料；
- 能够结合企业个案，科学地查找和分析其重点业务活动的主要风险点并采取相应措施进行控制。

第一节　相关知识

一、财务控制的基本概念

财务控制是指按照一定的程序和方法，确保企业及其内部机构和人员全面落实及实现财务预算的过程。

财务控制具有以下显著特点：

（1）以价值控制为手段。财务控制以实现财务预算为目标，而财务预算都是以价值形式予以反映的。

（2）以综合经济业务为控制对象。财务控制以价值控制为手段，可以将不同部门、不同层次和不同岗位的各种业务活动综合起来，实行目标控制。

（3）以日常现金流量控制为主要内容。因日常的财务活动过程表现为组织现金流量的过程，故控制现金流量成为日常财务控制的主要内容。

二、财务控制的具体措施

1. 不相容职务分离控制

不相容职务分离控制要求企业全面系统地分析、梳理业务流程中所涉及的不相容职务，实施相应的分离措施，形成各司其职、各负其责、相互制约的工作机制。

2. 授权审批控制

授权是指上级委派给下属一定权力，使下属在一定的监督之下，有相当的自主权和行使权。授权实质上是将权力分派给其他人以完成特定活动的过程，它允许下属做出决策。授权审批控制是指各项业务的办理，必须由被批准和被授权人去执行，即单位各级人员必须获得批准或授权，才能执行正常的或特殊的业务。

3. 会计系统控制

会计系统控制要求企业严格执行国家统一的会计准则制度，加强会计基础工作，明确会计凭证、会计账簿和财务会计报告的处理程序，保证会计资料真实完整。

4. 财产保护控制

财产保护控制是指为了确保企业财产物资安全、完整所采取的各种方法和措施。财产保护控制主要是对企业的流动资产、固定资产和其他资产的控制。

5. 预算控制

预算控制是财务控制中使用较为广泛的一种控制措施。通过预算控制，企业经营目标转化为各部门、各个岗位以至个人的具体行为目标，作为各责任单位的约束条件，能够从根本上保证企业经营目标的实现。

第二节　职业判断能力训练

一、填空题

1. 财务控制是指按照一定的程序和方法，确保企业及其内部机构和人员全面落实及实现________的过程。

2. 不相容职务分离控制要求企业全面系统地分析、梳理业务流程中所涉及的不相容职务，实施相应的________措施，形成各司其职、各负其责、________的工作机制。

3. 授权审批控制是指各项业务的办理，必须由被批准和被授权人去执行，即单位各级人员必须获得________或________，才能执行正常的或特殊的业务。

4. 财产保护控制是指为了确保企业________安全、完整所采取的各种方法和措施。

5. 全面预算执行单位是指根据其在企业预算总目标实现过程中的作用和职责划分的，承担一定________，并享有相应________和________的企业内部单位，包括企业内部各职能部门、所属分（子）企业等。

6. 会计系统控制要求企业严格执行国家统一的会计准则制度，加强会计基础工作，明确会计凭证、会计账簿和财务会计报告的处理程序，保证会计资料________。

二、单项选择题

1. 下列各项中，不属于责任成本基本特征的是(　　)。
   A. 可以预计　　B. 可以计量　　C. 可以控制　　D. 可以对外报告
2. 对成本中心而言，下列各项中不属于该类中心特点的是(　　)。
   A. 只考核本中心的责任成本　　B. 只对本中心的可控成本负责
   C. 只对责任成本进行控制　　D. 只对直接成本进行控制
3. 不论利润中心是否计算共同成本或不可控成本，都必须考核的指标是(　　)。
   A. 该中心的剩余收益　　B. 该中心的边际贡献总额
   C. 该中心的可控利润总额　　D. 该中心负责人的可控利润总额
4. 以下属于典型的人为利润中心的是(　　)。
   A. 分公司　　B. 分店　　C. 车间　　D. 海外事业部
5. 下列各项中，不属于投资中心特征的是(　　)。
   A. 在企业内部拥有最大的决策权
   B. 企业内部最高层的责任中心
   C. 一般为独立的法人
   D. 只需要对投资效果负责，不需要对成本负责
6. 公司制企业的下列责任单位中，可作为投资中心的是(　　)。
   A. 公司　　B. 车间　　C. 班组　　D. 职工
7. 通常情况下出资者财务控制是一种(　　)。
   A. 事前控制　　B. 事后控制　　C. 内部控制　　D. 外部控制
8. 授权审批控制是一种(　　)。
   A. 事前控制　　B. 事中控制　　C. 事后控制　　D. 内部控制
9. 制度控制具有(　　)的特征。
   A. 激励性　　B. 防护性　　C. 可控性　　D. 不可控制性

三、多项选择题

1. 成本中心的业绩，可以通过(　　)来考核。
   A. 标准成本降低额　　B. 变动成本降低额
   C. 责任成本降低额　　D. 责任成本降低率
2. 下列各项中，属于揭示投资中心特点的表述包括(　　)。
   A. 企业内部最高层次的责任中心　　B. 在企业内部拥有最大的决策权
   C. 承担最大的责任　　D. 分权管理程度比较高
3. 下列各项指标中，属于投资中心业绩考核重点指标的是(　　)。
   A. 可控成本　　B. 收入和利润
   C. 投资利润率　　D. 剩余收益
4. 下列各项中，属于财务控制特征的有(　　)。
   A. 以价值形式为控制手段
   B. 以综合经济业务为控制对象
   C. 以做出最终决策为奋斗目标
   D. 以日常现金流量控制为主要内容

5. 下列各项中，属于财务控制要素的有(　　)。

A. 目标设定　　B. 风险评估　　C. 监控　　D. 风险应对

6. 下列各项中，属于按照财务控制的功能对财务控制分类内容的有(　　)。

A. 预防性控制　　B. 现金收支控制

C. 侦查性控制　　D. 补偿性控制

7. 财务控制按照控制的主体分类包括(　　)。

A. 预算的控制　　B. 经营者的财务控制

C. 财务部门本身的控制　　D. 出资者的财务控制

四、判断题

1. 责任中心就是承担一定经济责任，并享有一定权利和利益的企业内部单位。(　　)

2. 对一家企业而言，变动成本和直接成本大多是可控成本，固定成本和间接成本大多是不可控成本。(　　)

3. 某个成本中心的各项可控成本之和即构成该中心的责任成本。(　　)

4. 成本中心不仅要以货币形式计量投入，而且要以货币形式计量产出。(　　)

5. 人为利润中心是指对内部责任单位提供产品或劳务而取得“内部销售收入”的利润中心。(　　)

6. 事前财务控制的目的是期望防止问题的发生。(　　)

7. 按照财务控制的内容可将财务控制分为一般控制和应用控制两类。(　　)

五、思考题

1. 什么是授权审批控制？企业应怎么做？

2. 简述投资中心的含义和考核指标。

3. 简述不相容职务分离控制及其应用。

第三节　职业能力基础训练

1. 某企业的销售公司（利润中心）2003 年有关资料为：销售收入 300 万元，变动成本费用率60%，公司的固定成本总额 27 万元，其中不可控固定成本 15 万元，总公司分配的上级管理费用 8 万元。

要求：

（1）计算公司经理的边际贡献。

（2）计算公司的边际贡献。

（3）计算公司的税前利润。

2. 某公司的平均投资报酬率为 13%，其所属 A 投资中心的经营资产为 800 万元，营业利润为 130 万元，销售收入为 2 000 万元。

要求：

（1）计算 A 投资中心的投资报酬率和剩余收益。

（2）假定对该投资中心追加投资 300 万元，追加投资后该投资中心的剩余收益达到 33 万元，计算追加投资增加的利润。

第四节　职业能力拓展训练

［实训］

［实训目的］

成本控制。

［实训资料］

某车间的月责任成本预算满足如下模式：$y = 200\ 000 + 10x$，该车间 8 月的实际成本资料如下：可控成本为 411 600 元，其中固定成本为 211 600 元，变动成本为 200 000 元，另外，不可控成本 36 000 元全部为固定成本，实际产量为 22 000 件。

［实训要求］

评价该车间成本控制业绩。

［完成任务］

（1）计算该车间责任成本变动额。

（2）计算该车间责任成本变动率。

（3）登记如表 9-1 所示的责任报告，并评价该车间成本控制业绩。

表 9-1　车间成本表　　单位：元

成本项目	实际	预算	差异
变动成本			
固定成本			
合计			

第五节　参考答案

职业判断能力训练答案

一、填空题

1. 财务预算。
2. 分离；相互制约。
3. 批准；授权。
4. 财产物资。
5. 经济责任；权利；利益。
6. 真实完整。

二、单项选择题

1. D　2. D　3. B　4. C　5. D
6. A　7. C　8. A　9. B

三、多项选择题

1. CD　2. ABC　3. CD　4. ABD　5. ABCD
6. ACD　7. BCD

四、判断题

1. √ 2. × 3. √ 4. × 5. √
6. √ 7. √

五、思考题

1. 授权审批控制是指各项业务的办理，必须由被批准和被授权人去执行，即单位各级人员必须获得批准或授权，才能执行正常的或特殊的业务。

授权审批控制要求企业根据常规授权和特别授权的规定，明确各岗位办理业务和事项的权限范围、审批程序和相应责任。企业应当编制常规授权的权限指引，规范特别授权的范围、权限、程序和责任，严格控制特别授权。

2. 投资中心是指既对成本、收入和利润负责，又对投资效果负责的责任中心。

投资中心是企业内部最高层次的责任中心，它在企业内部具有很大的决策权，也承担最大的责任。除考核利润指标外，投资中心主要考核能集中反映利润与投资额之间关系的指标，可以用投资利润率作为主要考核指标。

3. 不相容职务分离控制要求企业全面系统地分析、梳理业务流程中所涉及的不相容职务，实施相应的分离措施，形成各司其职、各负其责、相互制约的工作机制。

不相容职务分离控制的应用：

（1）会计与出纳职务分离；出纳不得兼任稽核、会计档案保管和收入、支出、债权、债务账目登记工作。

（2）会计与审计职务分离。

（3）支票保管职务与印章保管职务分离；支票签发与支票审核职务分离，支票签发由出纳担任，其他会计人员不得兼任。

（4）银行印鉴保管、财务印章保管、个人名章保管分离，不得由一人保管支付款项的所有印章。

（5）合同签署与条款订立职务分离；合同谈判与合同定价职务分离；合同履行与合同收付款职务分离；合同审计与上述职务分离。

（6）批准采购与采购经办职务分离；询价定价与确定供应商职务分离；采购与验收职务分离；付款审批与付款执行职务分离；采购、入库登记与会计记录职务分离。

（7）企业领导的直系亲属不得担任本企业的会计机构负责人、会计主管职务；企业会计机构负责人、会计主管的直系亲属不得担任本企业会计机构中的出纳职务。

职业能力基础训练答案

1. （1）经理的边际贡献 = 300 − 300 × 60% − （27 − 15）
= 108（万元）

（2）公司的边际贡献 = 108 − 15 = 93（万元）

（3）公司的税前利润 = 93 − 8 = 85（万元）

2. （1）A 投资中心投资报酬率 = 130/800 × 100% = 16.25%
A 投资中心剩余收益 = 130 − 800 × 13% = 26（万元）

（2）利润 = 33 + （300 + 800） × 13% = 176（万元）
增加的利润 = 176 − 130 = 46（万元）

职业能力拓展训练答案

[**实训**]

(1) 预算单位变动成本 = (200 000 - 100 000)/10 000 = 10(元/件)

责任成本变动额 = 100 000 + 10 × 11 000 = 210 000(元)

(2) 责任成本变动率 = -0.5/21 = -2.38%

责任报告与业绩评价如表 9-2 所示。

表 9-2 车间成本表

单位:万元

成本项目	实际	预算	差异
变动成本	10	11	-1
固定成本	10.5	10	0.5
合计	20.5	21	-0.5

该车间固定成本比预算超支了,但变动成本节约较多,总体成本控制业绩较好。

第十章

收益分配管理

★专业能力目标

- 了解收益分配的概念及程序；
- 理解各种股利分配政策；
- 掌握收益分配的原则、各种股利支付方式；
- 掌握股票股利、股票回购、股票分割及反分割的异同。

★社会能力目标

- 能根据学习需要查阅有关资料；
- 能够运用收益分配的相关原理和知识，结合企业实际经营情况，参与企业的收益分配管理。

第一节 相关知识

收益分配既关系到投资者的经济利益，又涉及企业未来的发展机遇，在一定程度上是企业的一个再融资过程。

一、收益分配的原则

利润分配是企业的一项重要工作，关系着企业的生存与发展，涉及企业、投资者等各方面的利益。在利润分配中，应当遵守以下原则。

1. 依法分配原则

为规范企业的收益分配行为，国家制定和颁布了若干法规，这些法规规定了企业收益分配的基本要求、一般程序和重大比例。企业的收益分配必须依法进行，这是正确处理企业各项财务关系的关键。

2. 分配与积累并重原则

企业的收益分配，要正确处理长期利益和近期利益这两者的关系，坚持分配与积累并重。企业除按规定提取法定盈余公积金以外，可适当留存一部分利润作为积累，这部分未分配利润仍归企业所有者所有。其积累的净利润不仅可以为企业扩大生产筹措资金，增强企业发展能力和抵抗风险的能力，同时还可以供未来年度进行分配，起到以丰补歉、平抑利润分配数额波动、稳定投资报酬率的作用。

3. 兼顾各方利益原则

企业的收益分配必须兼顾各方面的利益。企业是经济社会的基本单元，企业的收益分配涉及国家、企业股东、债权人、职工等多方面的利益。正确处理它们之间的关系，协调其矛盾，对企业的生存、发展是至关重要的。企业在进行收入分配时，应当统筹兼顾，维护各利益相关者的合法权益。

4. 投资与收益对等原则

企业收益分配应当体现“谁投资谁受益”、收益大小与投资比例相适应，即投资与收益对等原则，这是正确处理企业与投资者利益关系的立足点。投资者因投资行为，以出资额依法享有利润分配权，企业在向投资者分配利润时，要遵守公开、公平、公正的“三公”原则，不搞幕后交易，不帮助大股东侵蚀小股东利益，一视同仁地对待所有投资者，任何人不得以在企业中的其他特殊地位谋取私利，这样才能从根本上保护投资者的利益。

二、利润分配的一般程序

一般企业和股份有限公司每期实现的净利润，应按下列顺序进行分配。

1. 弥补以前年度的亏损

以前年度的亏损是指企业连续5年未弥补完的经营亏损部分。

2. 提取法定盈余公积金

法定盈余公积金按本年实现净利润的10%比例提取。企业提取的法定盈余公积金累计额达到其注册资本的50%以上的，可以不再提取。企业提取的法定盈余公积金主要用于弥补亏损，转增资本，一般情况下不得用于向投资者分配利润（或股利）。

3. 提取任意盈余公积金

任意盈余公积金的计提主要应考虑以下几个方面的因素：①企业的盈利状况。盈利多时多提，盈利少时可少提或不提。②累计盈余公积金数额。累计盈余公积金数额大时，可少提或不提。③对企业股利分配的影响，其主要目的在于控制向投资方分配利润的水平，以减少每年利润分配的波动。

4. 向投资者分配利润

分配时，一般按照投资者投入资本的比例分配。

可供投资者分配的利润 = 本年实现的净利润 − 弥补以前年度的亏损 −
提取的法定盈余公积金 + 期初未分配利润 + 公积金转入数

三、股利分配政策的影响因素

公司的股利分配与公司的市场价值是相关的，影响股利分配的因素如下。

1. 法律因素

为了保护债权人和股东的利益，有关法规对公司的股利分配经常有如下限制：

（1）资本保全。规定公司不能用资本（包括股本和资本公积）发放股利。

（2）企业积累。规定公司必须按净利润的一定比例提取法定盈余公积金。

（3）净利润。规定公司年度累计净利润必须为正数时才可发放股利，以前年度亏损必须足额弥补。

（4）超额累计利润。由于股东接受股利缴纳的所得税高于其进行股票交易的资本利得，于是许多国家规定公司不得超额累计利润，一旦公司的保留盈余超过法律认可的水平，将被加征额外税额。

2. 股东因素

就股东因素而言，存在以下影响股利分配的因素：

（1）稳定的收入和避税。一方面，一些依靠股利维持生活的股东，往往要求公司支付稳定的股利，若公司留存较多的利润，将受到这部分股东的反对；另一方面，一些高股利收入的股东出于避税的考虑（股利收入的所得税高于股票交易的资本利得税），往往反对公司发放较多的股利。

（2）控制权的稀释。公司支付较高的股利，就会导致留存盈余减少，这意味着将来发行新股的可能性加大，而发行新股必然稀释公司的控制权。

3. 公司因素

就公司的经营需要来讲，也存在一些影响股利分配的因素：

（1）盈余的稳定性。公司是否能获得长期稳定的盈余，是其制定股利决策的重要基础。盈余相对稳定的公司能够较好地把握自己，有可能比盈余不稳定的公司支付更高的股利。

（2）资产的流动性。较多地支付现金股利会减少公司的现金持有量，使资产的流动性降低。

（3）举债能力。具有较强举债能力（与公司资产的流动性相关）的公司因为能够及时地筹措到所需的现金，有可能采取较宽松的股利政策；而举债能力弱的公司往往采取较紧的股利政策。

（4）投资机会。有着良好投资机会的公司，需要有强大的资金支持，因而往往少发放股利，将大部分盈余用于投资。

四、股利分配政策

股利分配政策是指公司确定股利以及与之有关的事项所采取的方针和策略，其核心是正确处理公司与股东之间、当前利益与长远利益之间的关系，依据实际情况，确定出一个恰当的股利支付比例、支付形式和支付时间。在企业实现税后利润一定的情况下，选择股利分配政策就是要寻求股利与企业留存收益之间的最佳比例关系。

1. 剩余股利政策

企业未来有良好的投资机会时，应根据企业设定的最佳资本结构，确定未来投资所需的权益资金，先最大限度地使用留存利润来满足投资方案所需的权益资本，然后将剩余部分作为股利发放给股东。

剩余股利政策的操作步骤如下：

（1）确定公司的最佳资本结构。

（2）确定公司下一年度的资金需要量。

（3）确定按照最佳资本结构，为满足资金需求增加的权益资本数额。

（4）将公司税后利润首先满足公司下一年度的资金需求，剩余部分用来发放当年的现金股利。

2. 固定或稳定增长的股利政策

固定或稳定增长的股利政策是指将每年发放的股利固定在一个固定的水平上并在较长的时期内保持不变，只有当公司认为未来盈余将会显著地、不可逆转地增长时，才提高年度的股利发放额。该政策是固定股利与固定股利支付率之间的一种股利政策。其政策特征是当企业盈余较低或现金投资较多时，可维持较低的固定股利，而当企业盈利有较大幅度增加时，则加付额外股利。

固定或稳定增长的股利政策的优点：①稳定的股利向市场传递着公司正常发展的信息，有利于树立公司的良好形象，增强投资者对公司的信心，稳定股票的价格；②稳定的股利额有助于投资者安排股利收入和支出，有利于吸引那些打算进行长期投资并对股利有很高依赖性的股东。

固定或稳定增长的股利政策的缺点：股利的支付与企业的盈利相脱节，即不论公司盈利多少，均要支付固定的或按固定比率增长的股利，这可能会导致企业资金紧缺，财务状况恶化。

3. 固定股利支付率政策

固定股利支付率政策是指公司将每年净利润的某一固定比例作为股利派发给股东。这一比例通常称为股利支付率，股利支付率一经确定，一般不得随意变更。在该政策下，只要公司的税后利润一经确定，所派发的股利也就相应确定了。固定股利支付率越高，公司留存的净利润越少。

固定股利支付率政策的优点：①采用固定股利支付率政策，股利与公司盈余紧密地配合，体现了“多盈多分、少盈少分、无盈不分”的股利分配原则；②由于公司的获利能力在各年度间是经常变动的，因此每年的股利也随着公司收益的变动而变动。采用固定股利支付率政策，公司每年按固定的比例从税后利润中支付现金股利，从企业的支付能力的角度看，这是一种稳定的股利政策。

固定股利支付率政策的缺点：①大多数公司每年的收益很难保持稳定不变，导致年度间的股利额波动较大，由于股利的信号传递作用，波动的股利很容易给投资者带来经营状况不稳定、投资风险较大的不良印象，成为影响股价的不利因素；②容易使公司面临较大的财务压力，公司实现的盈利多并不能代表公司有足够的现金流用来支付较多的股利；③合适的固定股利支付率的确定难度比较大。

4. 低正常股利加额外股利政策

低正常股利加额外股利政策是指公司事先设定一个较低的正常股利额，每年除了按正常股利额向股东发放股利外，在公司盈余较多、资金较为充裕的年份再向股东发放额外股利。

低正常股利加额外股利政策的优点：①赋予公司较大的灵活性，使公司在股利发放上留有余地，并具有较大的财务弹性。公司可根据每年的具体情况，选择不同的股利发放水平；②使那些依靠股利度日的股东每年至少可以得到虽然较低但比较稳定的股利收入，从而吸引住这部分股东。

低正常股利加额外股利政策的缺点：①由于各年度间公司盈利的波动使额外股利不断变化，容易给投资者造成收益不稳定的感觉；②当公司在较长时间持续发放额外股利后，可能会被股东误认为是正常股利，一旦取消，传递出的信号可能会使股东认为这是公司财务状况恶化的表现，进而导致股价下跌。

企业管理层在确定股利分配政策时，应综合考虑各种影响因素，包括相关法律的制约、股东的要求以及公司自身实际情况和经营能力等，权衡各种股利分配政策的利弊得失，从中选择最佳的股利分配政策。

五、股利支付的形式

企业向股东分配股利的形式通常有以下四种。

1. 现金股利

现金股利是以现金支付的股利，它是股利支付的主要方式。例如，每 10 股派 2 元等。现金股利是企业最常见，也是最容易被投资者接受的股利支付方式。企业支付现金股利，除了要有累计的未分配利润外，还要有足够的现金。因此，企业在支付现金股利前，必须做好财务上的安排，以便有充足的现金支付股利。因为企业一旦向股东宣告发放股利，就对股东承担了支付的责任，必须如期履约，否则不仅会丧失企业信誉，而且会带来不必要的麻烦。

2. 股票股利

股票股利是公司以增发股票的方式所支付的股利，我国实务中通常也称其为“红股”。发放股票股利对公司来说，并没有现金流出企业，也不会导致公司的财产减少，而是将公司的未分配利润转化为股本和资本公积。但股票股利会增加流通在外的股票数量，同时降低股票的每股价值。它不改变公司股东权益总额，但会改变股东权益的构成。

3. 财产股利

财产股利是以现金以外的资产支付的股利，主要是以公司所拥有的其他企业的有价证券，如债券、股票等作为股利支付给股东。

4. 负债股利

负债股利是公司以负债支付的股利，通常以公司的应付票据支付给股东，不得已情况下也有发行公司债券抵付股利的。

财产股利和负债股利实际上是现金股利的替代方式，这两种股利方式目前在我国公司实务中很少使用。

六、股票股利、股票回购、股票分割与反分割

发放股票股利对公司来说，并没有现金流出企业，不改变公司股东权益总额，而是将公司的未分配利润转化为股本和资本公积，进而改变股东权益的构成；股票股利会增加流通在外的股票数量，增加发行在外的股票股数，增加资本公积，减少留存收益；普通股数增加还会引起每股收益和每股市价的下降。

股票分割是指将面额较高的股票交换成面额较低的股票的行为。股票分割会使发行在外的股数增加，使得每股面额降低，每股盈余下降；但公司价值不变，股东权益总额、权益各项目及其相互之间的比例不会改变。

股票回购是上市公司在二级市场上或通过自我认购，回购本公司发行在外的股票的行

为。其实质是公司以现金购回股东所持股份来降低企业注册资本规模的一种方式。由于企业在回购时是以现金支付给股东来收回在外的股份的，因此股票回购也可以认为是现金股利的一种替代方式。股票回购之后，发行在外的流通股减少，导致每股股利增加，股价上升，从而使股东获得相应的资本利得。

股票反分割与股票分割相反，如果公司认为其股票价格过低，不利于其在市场上的声誉和未来的再筹资，为提高股票的价格，会采取反分割措施。股票反分割又称为股票合并或逆向分割，是指将多股股票合并为一股股票的行为。反分割显然会降低股票的流通性，提高公司股票投资的门槛，它向市场传递的信息通常是不利的；反分割使每股面额增加，每股盈余提高；股东权益总额、权益各项目及其相互之间的比例不会改变。

第二节　职业判断能力训练

一、填空题

1. 收益分配有广义和狭义之分，广义的收益分配首先是对________的分配，狭义的收益分配是指________。

2. 在利润分配中，应当遵守________、________、________、________等原则。

3. 法定公积金按本年实现净利润的________比例提取，企业提取的法定盈余公积金累计额达到其注册资本的________以上的，可以不再提取。

4. 对股利分配与公司价值之间关系的认识主要有________和________两种较流行的观点。

5. ________理论源于谚语“双鸟在林不如一鸟在手”。

6. 代理成本为________、________和________三者之和。

7. ________是指公司事先设定一个较低的正常股利额，每年除了按正常股利额向股东发放股利外，在公司盈余较多、资金较为充裕的年份再向股东发放额外股利。

8. ________在我国实务中通常也称为“红股”。

二、单项选择题

1. 下列股利分配政策中，根据股利无关理论制定的是(　　)。
   A. 剩余股利政策
   B. 固定股利支付率政策
   C. 固定或稳定增长的股利政策
   D. 低正常股利加额外股利政策

2. 某股利分配理论认为，由于对资本利得收益征收的税率低于对股利收益征收的税率，企业应采用低股利政策。该股利分配理论是(　　)。
   A. 代理成本理论　　B. 信号传递理论
   C. “手中鸟”理论　　D. 所得税差异理论

3. 股利的支付可减少管理层可支配的自由现金流量，在一定程度上抑制管理层的过度投资或在职消费行为。这种观点体现的股利理论是(　　)。
   A. 股利无关理论　　B. 信号传递理论
   C. “手中鸟”理论　　D. 代理理论

4. 处于初创阶段的公司，一般适合采用的股利分配政策是(　　)。
   A. 固定股利政策　　B. 剩余股利政策
   C. 固定股利支付率政策　　D. 稳定增长股利政策
5. 公司采用固定股利政策发放股利的好处主要表现为(　　)。
   A. 降低资金成本　　B. 维持股价稳定
   C. 提高支付能力　　D. 实现资本保全
6. 下列各项政策中，最能体现“多盈多分、少盈少分、无盈不分”股利分配原则的是(　　)。
   A. 剩余股利政策　　B. 低正常股利加额外股利政策
   C. 固定股利支付率政策　　D. 固定或稳定增长的股利政策
7. 赋予公司较大的灵活性，使公司在股利发放上留有余地，并具有较大的财务弹性的股利分配政策是(　　)。
   A. 固定股利政策　　B. 剩余股利政策
   C. 固定股利支付率政策　　D. 低正常股利加额外股利政策
8. 在确定企业的收益分配政策时，应当考虑相关因素的影响，其中“资本保全”属于(　　)。
   A. 股东因素　　B. 公司因素
   C. 法律因素　　D. 债务契约因素
9. 下列关于股利分配政策的表述中，正确的是(　　)。
   A. 公司盈余的稳定程度与股利支付水平负相关
   B. 偿债能力弱的公司一般不应采用高现金股利政策
   C. 基于控制权的考虑，股东会倾向于较高的股利支付水平
   D. 债权人不会影响公司的股利分配政策
10. 如果上市公司以其所拥有的其他公司的股票作为股利支付给股东，则这种股利支付的方式称为(　　)。
    A. 现金股利　　B. 股票股利
    C. 财产股利　　D. 负债股利
11. 下列各项股利支付形式中，不会改变企业资本结构的是(　　)。
    A. 股票股利　　B. 财产股利
    C. 负债股利　　D. 现金股利
12. 确定股东是否有权领取本期股利的截止日期是(　　)。
    A. 除息日　　B. 股权登记日
    C. 股利宣告日　　D. 股利发放日
13. 下列各项中，受企业股票分割影响的是(　　)。
    A. 每股股票价值　　B. 股东权益总额
    C. 企业资本结构　　D. 股东持股比例
14. 下列净利润分配事项中，根据相关法律法规和制度，应当最后进行的是(　　)。
    A. 向股东分配股利　　B. 提取任意公积金
    C. 提取法定公积金　　D. 弥补以前年度亏损

15. 下列关于提取任意盈余公积的表述中，不正确的是(　　)。

A. 应从税后利润中提取　　B. 应经股东大会决议

C. 满足公司经营管理的需要　　D. 达到注册资本的50%时不再计提

三、多项选择题

1. 企业的收益分配应当遵循的原则包括(　　)。

A. 投资与收益对等　　B. 投资机会优先

C. 兼顾各方利益　　D. 积累发展优先

2. 下列各项中，属于盈余公积金用途的有(　　)。

A. 弥补亏损　　B. 转增股本

C. 扩大经营　　D. 分配股利

3. 下列各项中，属于剩余股利政策优点的有(　　)。

A. 保持目标资本结构　　B. 降低再投资资本成本

C. 使股利与企业盈余紧密结合　　D. 实现企业价值的长期最大化

4. 下列各项股利分配政策中，股利水平与当期盈利直接关联的有(　　)。

A. 固定股利政策　　B. 稳定增长股利政策

C. 固定股利支付率政策　　D. 低正常股利加额外股利政策

5. 按照资本保全的要求，企业发放股利所需资金的来源包括(　　)。

A. 当期利润　　B. 留存收益

C. 资本公积　　D. 股本

6. 下列关于发放股票股利的表述中，正确的有(　　)。

A. 不会导致公司现金流出

B. 会增加公司流通在外的股票数量

C. 会改变公司股东权益的内部结构

D. 会对公司股东权益总额产生影响

7. 公司发放股票股利的优点有(　　)。

A. 节约公司现金　　B. 有利于促进股票的交易和流通

C. 给股东带来纳税上的好处　　D. 有利于减少负债比重

8. 根据股票回购对象和回购价格的不同，股票回购的主要方式有(　　)。

A. 要约回购　　B. 协议回购

C. 杠杆回购　　D. 公开市场回购

9. 下列属于股票回购缺点的有(　　)。

A. 股票回购易造成公司资金紧缺，资产流动性变差

B. 股票回购可能使公司的发起人忽视公司长远的发展

C. 股票回购容易导致公司操纵股价

D. 股票回购会使股价下跌

10. 下列各项中，能够增加普通股股票发行在外股数，但不改变公司资本结构的行为有(　　)。

A. 股票股利　　B. 增发普通股

C. 股票分割　　D. 股票回购

11. 下列各项中，属于上市公司股票回购动机的有(　　)。

A. 替代现金股利　　B. 提高每股收益

C. 规避经营风险　　D. 稳定公司股价

12. 下列关于收入与分配管理的说法中，正确的有(　　)。

A. 收入分配只是资产保值、保证简单再生产的手段

B. 企业所有者是企业权益资金的提供者，而职工是价值的创造者

C. 通过收益分配，有利于增强企业未来融通资金的能力

D. 为了正确、合理地处理好企业各方面利益相关者的需求，就必须对企业所实现的收入进行合理分配

13. 影响利润分配政策的法律因素包括(　　)。

A. 资本保全　　B. 资本确定

C. 企业积累约束　　D. 净利润

14. 股票股利和股票分割的相同点有(　　)。

A. 会导致普通股股数增加

B. 当市盈率与收益总额不变时，都会导致每股收益和每股市价下降

C. 股东权益总额不变

D. 会导致股东权益内部结构变化

15. 下列各项中，属于股票回购方式的有(　　)。

A. 公开市场回购　　B. 直接回购

C. 要约回购　　D. 协议回购

四、判断题

1. 处于衰退期的企业在制定收益分配政策时，应当优先考虑企业积累。(　　)

2. 企业发放股票股利会引起每股利润的下降，从而导致每股市价有可能下跌，因而每位股东所持股票的市场价值总额也将随之下降。(　　)

3. 在股利支付程序中，除息日是指领取股利的权利与股票分离的日期，在除息日购买股票的股东有权参与当次股利的分配。(　　)

4. 在除息日之前，股利权利从属于股票；从除息日开始，新购入股票的投资者不能分享本次已宣告发放的股利。(　　)

5. 业绩股票激励模式只对业绩目标进行考核，而不要求股价的上涨，因而比较适合业绩稳定的上市公司。(　　)

6. 当公司处于经营稳定或成长期，对未来的盈利和支付能力可准确判断并具有足够把握时，可以考虑采用稳定增长股利政策，增强投资者的信心。(　　)

7. 处于衰退期的企业在制定收益分配政策时，应当优先考虑企业积累。(　　)

8. 代理理论认为，高支付率的股利分配政策有助于降低企业的代理成本，但同时也会增加企业的外部融资成本。(　　)

五、思考题

1. 收益分配的原则有哪些？

2. 利润分配的一般程序是什么？

3. 股利分配的理论有哪几种？

4. 常见的股利分配政策有哪些?
5. 股利支付的形式有哪些?

第三节 职业能力基础训练

1. 甲公司2016年税后净利润为1 000万元，2017年的投资计划需要资金1 500万元，公司的目标资本结构为权益资本占60%，债务资本占40%。如果采用剩余股利政策，甲公司2016年度将要支付的股利为多少?

2. 乙公司2016年税后净利润为2 000万元，2017年的投资计划需要资金3 000万元，公司的目标资本结构为权益资本占60%，债务资本占40%。如果乙公司采用剩余股利政策，2016年流通在外的普通股为1 000万股，那么每股股利为多少?

3. 丙公司长期以来用固定股利支付率政策进行股利分配，确定的股利支付率为30%。2016年税后净利润为2 000万元。如果继续执行固定股利支付率政策，公司本年度将要支付的股利为多少?

4. 丁公司长期以来用固定股利支付率政策进行股利分配，确定的股利支付率为60%。2016年税后净利润为6 000万元。

(1) 如果继续执行固定股利支付率政策，公司本年度将要支付的股利为多少?

(2) 公司下一年度有较大的投资需求，因此准备本年度采用剩余股利政策。如果公司下一年度的投资预算为8 000万元，目标资本结构为权益资本占60%，公司本年度将要支付的股利为多少?

5. 戊公司2016年年初的未分配利润为600万元，当年的税后利润为800万元，2016年不打算继续保持目前的资本结构，也不准备追加投资。按有关法规规定该公司应该至少提取10%的法定公积金。则该公司最多用于派发的现金股利是多少?

6. 己上市公司发行在外的普通股为2 000万股，每股面值2元，2016年发放10%的股票股利，则增加的股数和股本各是多少?

7. 庚上市公司发行在外的普通股为1 000万股，每股面值10元，每股市价30元；公司计划按10%的比例发放股票股利并按市价折算，则增加的资本公积是多少?

8. 辛上市公司发行在外的普通股为1 000万股，每股面值2元，资本公积3 000万元，盈余公积1 000万元，未分配利润1 200万元，每股市价30元。假设该公司按照1:2的比例进行股票分割，分割后股数、股本、资本、盈余公积、未分配利润各是多少?

9. 壬上市公司发行在外的普通股为1 000万股，每股面值2元，资本公积3 000万元，盈余公积1 000万元，未分配利润1 200万元，每股市价30元。假设该公司按照两股并一股的比例进行股票合并，合并后股东权益各项目如何变化?

10. 癸公司2015年发放每股现金股利1元，2016年实现净利润为300万元，年末发行在外的普通股股票为400万股，若公司采用固定股利政策，则2016年发放的现金股利总额应为多少?

第四节　职业能力拓展训练

［**实训一**］

［实训目的］

股票股利与股票分割。

［实训资料］

A 上市公司在 2016 年年末资产负债表上的股东权益账户情况如表 10-1 所示。

表 10-1　A 公司 2016 年年末股东权益账户情况　　单位：万元

普通股（面值 2 元，发行在外 1 000 万股）	2 000
资本公积	2 000
盈余公积	1 500
未分配利润	3 300
股东权益合计	8 800

［实训要求］

计算发放股票股利和股票分割后相关指标。

［完成任务］

（1）假设股票市价为 20 元，该公司宣布发放 10% 的股票股利，即现有股东每持有 10 股即可获赠 1 股普通股。发放股票股利后，股东权益有何变化？

（2）发放股票股利前后，每股净资产各是多少？

（3）假设该公司按照 1∶2 的比例进行股票分割。股票分割后，股东权益有何变化？

（4）股票分割前后，每股净资产各是多少？

［**实训二**］

［实训目的］

股票股利。

［实训资料］

B 公司现有发行在外的普通股 100 万股，每股面值 1 元，资本公积 500 万元，未分配利润 300 万元，每股市价 10 元；公司计划按 10% 的比例发放股票股利并按市价折算。

［实训要求］

计算股票股利相关指标。

［完成任务］

（1）公司资本公积如何变动？报表列示金额应为多少？

（2）公司股本增加多少？

（3）公司的未分配利润减少多少？

［**实训三**］

［实训目的］

股利分配政策。

［实训资料］

C 公司成立于2014 年1 月1 日，2014 年度实现的净利润为800 万元，分配现金股利560 万元，提取盈余公积240 万元（所提盈余公积均已指定用途）。2015 年实现的净利润为900 万元（不考虑计提法定盈余公积的因素）。2016 年计划增加投资，所需资金为1 000 万元。假定公司目标资本结构为自有资金占60%，借入资金占40%。

［实训要求］

计算各种股利分配政策下股利金额。

［完成任务］

（1）在保持目标资本结构的前提下，计算2016 年投资方案所需的自有资金额和需要从外部借入的资金额。

（2）在保持目标资本结构的前提下，如果公司执行剩余股利政策，计算2015 年度应分配的现金股利。

（3）在不考虑目标资本结构的前提下，如果公司执行固定股利政策，计算2015 年度应分配的现金股利、可用于2016 年投资的留存收益和需要额外筹集的资金额。

（4）在不考虑目标资本结构的前提下，如果公司执行固定股利支付率政策，计算该公司的股利支付率和2015 年度应分配的现金股利。

第五节　参考答案

职业判断能力训练答案

一、判断题

1. 企业收入；利润分配。
2. 依法分配；分配与积累并重；兼顾各方利益；投资与收益对等。
3. 10%；50%。
4. 股利无关论；股利相关论。
5. “手中鸟”。
6. 激励成本；监督成本；剩余损失。
7. 低正常股利加额外股利政策。
8. 股票股利。

二、单选题

1. A	2. D	3. D	4. B	5. B
6. C	7. D	8. C	9. B	10. C
11. A	12. B	13. A	14. A	15. D

三、多选题

1. AC	2. ABC	3. ABD	4. CD	5. AB
6. ABC	7. ABC	8. ABD	9. ABC	10. AC
11. ABD	12. BCD	13. ACD	14. ABC	15. ACD

四、判断题

1. × 2. × 3. × 4. √ 5. √
6. √ 7. × 8. √

五、思考题

1. 收益分配有以下原则：

（1）依法分配原则。为规范企业的收益分配行为，国家制定和颁布了若干法规，这些法规规定了企业收益分配的基本要求、一般程序和重大比例。企业的收益分配必须依法进行，这是正确处理企业各项财务关系的关键。

（2）分配与积累并重原则。企业的收益分配，要正确处理长期利益和近期利益这两者的关系，坚持分配与积累并重。企业除按规定提取法定盈余公积金以外，可适当留存一部分利润作为积累，这部分未分配利润仍归企业所有者所有。其积累的净利润不仅可以为企业扩大生产筹措资金，增强企业发展能力和抵抗风险的能力，同时还可以供未来年度进行分配，起到以丰补歉、平抑利润分配数额波动、稳定投资报酬率的作用。

（3）兼顾各方利益原则。企业的收益分配必须兼顾各方面的利益。企业是经济社会的基本单元，企业的收益分配涉及国家、企业股东、债权人、职工等多方面的利益。正确处理它们之间的关系，协调其矛盾，对企业的生存、发展是至关重要的。企业在进行收入分配时，应当统筹兼顾，维护各利益相关者的合法权益。

（4）投资与收益对等原则。企业收益分配应当体现“谁投资谁受益”、收益大小与投资比例相适应，即投资与收益对等原则，这是正确处理企业与投资者利益关系的立足点。投资者因投资行为，以出资额依法享有利润分配权，企业在向投资者分配利润时，要遵守公开、公平、公正的“三公”原则，不搞幕后交易，不帮助大股东侵蚀小股东利益，一视同仁地对待所有投资者，任何人不得以在企业中的其他特殊地位谋取私利，这样才能从根本上保护投资者的利益。

2. 利润分配的一般程序如下：

（1）弥补以前年度的亏损。以前年度的亏损是指企业连续 5 年未弥补完的经营亏损部分。

（2）提取法定盈余公积金。法定盈余公积金按本年实现净利润的 10% 比例提取。企业提取的法定盈余公积金累计额达到其注册资本的 50% 以上的，可以不再提取。企业提取的法定盈余公积金主要用于弥补亏损，转增资本，一般情况下不得用于向投资者分配利润（或股利）。

（3）提取任意盈余公积金。任意盈余公积金的计提主要应考虑以下几个方面的因素：①企业的盈利状况。盈利多时多提，盈利少时可少提或不提。②累计盈余公积金数额。累计盈余公积金数额大时，可少提或不提。③对企业股利分配的影响，其主要目的在于控制向投资方分配利润的水平，以减少每年利润分配的波动。

（4）向投资者分配利润。分配时，一般按照投资者投入资本的比例分配。

可供投资者分配的利润 = 本年实现的净利润 − 弥补以前年度的亏损 −
提取的法定盈余公积金 + 期初未分配利润 + 公积金转入数

3. 股利分配理论是关于股利分配政策与公司价值的关系问题的科学认识与总结。对股利分配政策与公司价值之间关系的认识主要有股利无关论和股利相关论两种较流行的观点。

（1）股利无关论。股利无关论认为，在一定的假设条件限制下，股利分配政策不会对公司的价值或股票的价格产生任何影响，投资者不关心公司股利的分配。公司市场价值的高低，是由公司所选择的投资决策的获利能力和风险组合所决定的，而与公司的利润分配政策无关。

（2）股利相关论。与股利无关论相反，股利相关论认为，企业的股利分配政策会影响股票价格和公司价值。其主要观点有以下四种：

①“手中鸟”理论，源于谚语“双鸟在林不如一鸟在手”。该理论认为企业的留存收益再投资时会有很大的不确定性，并且投资风险随着时间的推移将不断扩大，因此投资者倾向于获得当期的而非未来的收入，即当期的现金股利。因为投资者一般为风险厌恶型，更倾向于获得当期较少的股利收入，而不是在较大风险的未来获得较多的股利收入。在这种情况下，当公司提高其股利支付率时，就会降低不确定性，投资者可以要求较低的必要报酬率，公司股票价格上升；如果公司降低股利支付率或者延期支付，就会使投资者风险增大，投资者必然要求较高的报酬率以补偿其承受的风险，公司的股票价格也会下降。

②信号传递理论。该理论认为管理者与企业外部投资者之间存在信息不对称，管理者占有更多关于企业前景方面的内部信息，股利是管理者向外界传递其掌握的内部信息的一种手段，因此，股利能够传递公司未来盈利能力的信息，这就导致股利对股票价格有一定的影响。当公司支付的股利水平上升时，公司的股价会上升；当公司支付的股利水平下降时，公司的股价也会下降。

③代理成本理论。代理成本理论是现代股利理论研究中的主流观点，能较好地解释股利的存在和不同的股利支付模式。代理成本理论认为，股利政策有助于减缓管理者与股东之间的代理冲突，即股利政策是协调股东与管理者之间代理关系的一种约束机制。

④所得税差异理论。所得税差异理论认为，由于普遍存在的税率以及纳税时间的差异，资本利得收益比股利收益更有助于实现收益最大化目标，公司应当采用低股利政策。一般来说，对资本利得收益征收的税率低于对股利收益征收的税率；再者，即使两者没有税率上的差异，由于投资者对资本利得收益的纳税时间选择更具有弹性，投资者仍可以享受延迟纳税带来的收益差异。

4. 常见的股利分配政策有以下四种：

（1）剩余股利政策。企业未来有良好的投资机会时，应根据企业设定的最佳资本结构，确定未来投资所需的权益资金，先最大限度地使用留存利润来满足投资方案所需的权益资本，然后将剩余部分作为股利发放给股东。

（2）固定或稳定增长的股利政策。固定或稳定增长的股利政策是指将每年发放的股利固定在一个固定的水平上并在较长的时期内保持不变，只有当公司认为未来盈余将会显著地、不可逆转地增长时，才提高年度的股利发放额。该政策是固定股利与固定股利支付率之间的一种股利政策。其政策特征是当企业盈余较低或现金投资较多时，可维持较低的固定股利，而当企业盈利有较大幅度增加时，则加付额外股利。

（3）固定股利支付率政策。固定股利支付率政策是指公司将每年净利润的某一固定比例作为股利派发给股东。这一比例通常称为股利支付率，股利支付率一经确定，一般不得随意变更。该政策下，只要公司的税后利润一经确定，所派发的股利也就相应确定了。固定股利支付率越高，公司留存的净利润越少。

（4）低正常股利加额外股利政策。低正常股利加额外股利政策是指公司事先设定一个较低的正常股利额，每年除了按正常股利额向股东发放股利外，在公司盈余较多、资金较为充裕的年份再向股东发放额外股利。

5. 股利支付的形式有以下四种：

（1）现金股利。现金股利是以现金支付的股利，它是股利支付的主要方式。例如，每10股派2元等。现金股利是企业最常见，也是最容易被投资者接受的股利支付方式。企业支付现金股利，除了要有累计的未分配利润外，还要有足够的现金。因此，企业在支付现金股利前，必须做好财务上的安排，以便有充足的现金支付股利。因为企业一旦向股东宣告发放股利，就对股东承担了支付的责任，必须如期履约，否则不仅会丧失企业信誉，而且会带来不必要的麻烦。

（2）股票股利。股票股利是公司以增发股票的方式所支付的股利，我国实务中通常也称其为“红股”。发放股票股利对公司来说，并没有现金流出企业，也不会导致公司的财产减少，而是将公司的未分配利润转化为股本和资本公积。但股票股利会增加流通在外的股票数量，同时降低股票的每股价值。它不改变公司股东权益总额，但会改变股东权益的构成。

（3）财产股利。财产股利是以现金以外的资产支付的股利，主要是以公司所拥有的其他企业的有价证券，如债券、股票等作为股利支付给股东。

（4）负债股利。负债股利是公司以负债支付的股利，通常以公司的应付票据支付给股东，不得已情况下也有发行公司债券抵付股利的。

财产股利和负债股利实际上是现金股利的替代方式，这两种股利方式目前在我国公司实务中很少使用。

职业能力基础训练答案

1. 按照目标资本结构的要求，甲公司投资方案所需的权益资本数额为

$$1\ 500 \times 60\% = 900\text{（万元）}$$

2016年公司将要支付的股利为1 000 − 900 = 100（万元）

2. 按照目标资本结构的要求，公司投资方案所需的权益资本数额为

$$3\ 000 \times 60\% = 1\ 800\text{（万元）}$$

2012年公司可以发放的股利额为2 000 − 1 800 = 200（万元）

每股股利为

$$200 \div 1\ 000 = 0.2\text{（元/股）}$$

3. 股利支付率为30%，税后净利润为2 000万元，按照固定股利支付率政策需要支付的股利为

$$2\ 000 \times 30\% = 600\text{（万元）}$$

4. （1）6 000 × 60% = 3 600（万元）

（2）按照目标资本结构的要求，公司投资方案所需的权益资本额为

$$8\ 000 \times 60\% = 4\ 800\text{（万元）}$$

公司2016年度将要支付的股利为

$$6\ 000 - 4\ 800 = 1\ 200\text{（万元）}$$

5. 应提取的法定公积金 = 800 × 10% = 80（万元）

现金股利 = 600 + 800 − 80 = 1 320（万元）

6. 增加的股数 $=2\ 000\times10\%=200$（万股）
   增加的股本 $=2\times200=400$（万元）
7. 增加的股数 $=1\ 000\times10\%=100$（万股）
   增加的资本公积 $=(30-10)\times100=2\ 000$（万元）
8. 分割后股数 $=1\ 000\times2=2\ 000$（万股）
   分割后股本 $=2\ 000\times1=2\ 000$（万元）

分割后资本、盈余公积、未分配利润等项目保持不变。

9. 合并后面值 $=2\times2=4$（元/股）
   合并后股数 $=1\ 000\div2=500$（万股）
   合并后股本 $=500\times4=2\ 000$（万元）

合并后资本、盈余公积、未分配利润等项目保持不变。

10. 由于采用的是固定股利政策，虽然公司本年净利润不够，但是在固定股利政策下，仍要保证支付每股股利1元。每股现金股利为1元，股数为400万股，所以现金股利总额为

$$400\times1=400\text{（万元）}$$

职业能力拓展训练答案

［**实训一**］

（1）发放股票股利后股东权益情况如表10-2所示。

表10-2　发放股票股利后股东权益情况　　单位：万元

普通股（面值2元，发行在外1 100万股）	2 200
资本公积	3 800
盈余公积	1 500
未分配利润	1 300
股东权益合计	8 800

（2）发放股票股利前每股净资产为

$$8\ 800\div1\ 000=8.8\text{（元/股）}$$

发放股票股利后每股净资产为

$$8\ 800\div(1\ 000+100)=8\text{（元/股）}$$

（3）股票分割后股东权益情况如表10-3所示。

表10-3　股票分割后股东权益情况　　单位：万元

普通股（面值1元，发行在外2 000万股）	2 000
资本公积	2 000
盈余公积	1 500
未分配利润	3 300
股东权益合计	8 800

（4）股票分割前每股净资产为

$$8\ 800\div1\ 000=8.8\text{（元/股）}$$

股票分割后每股净资产为

8 800 ÷（1 000 ×2）=4.4（元/股）

［实训二］

（1）增加的股数 =100 ×10% =10（万股）

资本公积增加额 =（10 -1）×10 =90（万元）

资本公积的报表列示金额 =500 +90 =590（万元）

（2）股本增加额 =1 ×10 =10（万元）

（3）未分配利润减少额 =10 ×10 =100（万元）

［实训三］

（1）2016 年投资方案所需的自有资金额 =1 000 ×60% =600（万元）

2016 年投资方案需要从外部借入的资金额 =1 000 ×40% =400（万元）

（2）在保持目标资本结构的前提下，执行剩余股利政策：

2015 年度应分配的现金股利 = 净利润 -2016 年投资方案所需的自有资金额

=900 -600 =300（万元）

（3）在不考虑目标资本结构的前提下，执行固定股利政策：

2015 年度应分配的现金股利 =2014 年分配的现金股利 =560 万元

可用于 2016 年投资的留存收益 =900 -560 =340（万元）

2016 年投资需要额外筹集的资金额 =1 000 -340 =660（万元）

（4）在不考虑目标资本结构的前提下，执行固定股利支付率政策：

该公司的股利支付率 =560/800 ×100% =70%

2015 年度应分配的现金股利 =70% ×900 =630（万元）

第十一章 财务分析

★专业能力目标

- 领会财务分析的含义；
- 能够描述资产负债表、利润表、现金流量表和所有者权益变动表之间的钩稽关系；
- 掌握财务分析中与报表四大能力相关的各种财务比率计算；
- 能够利用杜邦分析法对报表展开综合分析。

★社会能力目标

- 能根据学习需要查阅有关资料；
- 能够利用财务分析的基本方法，对任意一家上市公司的财务报表做基本分析，了解该公司的偿债能力、盈利能力、营运能力和发展能力，同时分析问题所在或成功经验，并提出建议对策。

第一节 相关知识

财务分析是以企业公布的各种报表为基础而进行的分析。随着市场经济体制的建立和完善，企业资金多元化渠道的形成，企业相关利益的人员需要通过对财务报表的分析来了解企业的经营情况，分析投资经济效益，以便做出正确的决策。

财务分析的起点是财务报表，分析使用的数据大部分源于公开发布的财务报表。因此，财务分析的前提是正确理解财务报表。财务分析的结果是对企业的偿债能力、营运能力、盈利能力和发展能力做出评价或找出问题。

一、财务分析的概念与对象

1. 财务分析的概念

财务分析是以企业财务报告及其他相关资料为依据，采用一系列专门的技术和方法，对企业等经济组织过去和现在的财务状况、经营成果及变动趋势做出评价和分析，从而为企业经营者改善企业财务管理工作、为报表使用者做出相关经济决策提供重要的财务信息。

2. 财务分析的对象

财务分析的对象包括资产负债表、利润表、现金流量表、所有者权益变动表。它们之间的关系如图 11-1 所示。

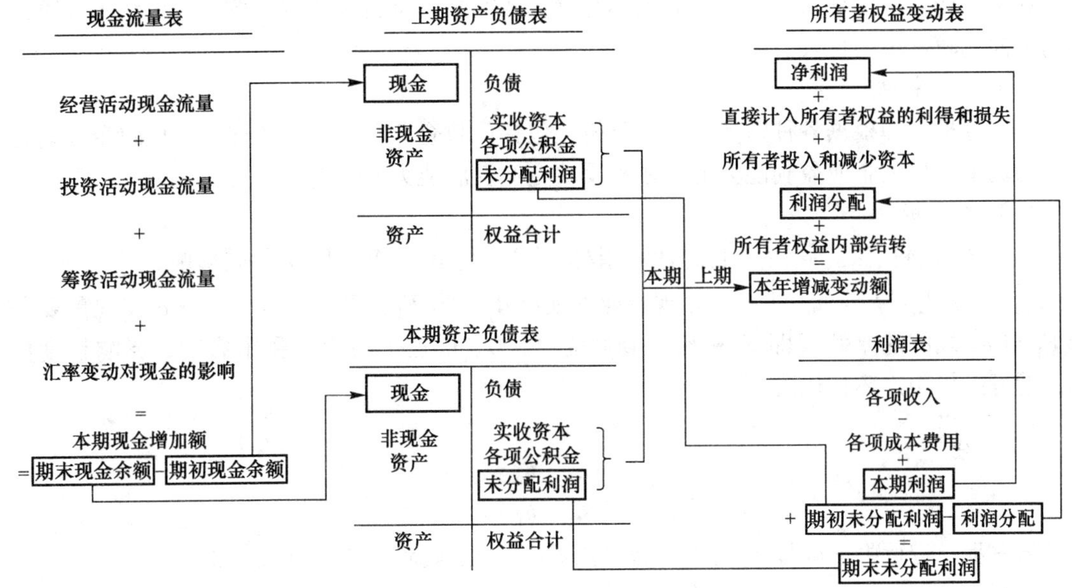

图 11-1　资产负债表、利润表、现金流量表和所有者权益变动表之间的关系

四张报表列示的数据，彼此之间存在着紧密的钩稽关系。其中利润表的金额可通过资产负债表和现金流量表数据推导而出，现金流量表中的金额也可以通过资产负债表和利润表推导出来，而所有者权益变动表里的相关数据也可源于资产负债表和利润表。总之，四张报表作为反映企业财务状况的载体，通过分析其中的逻辑关系，可帮助报表使用者阅读出很多重要的信息。

二、财务分析的程序

一般情况下，可以使用下列程序进行财务分析：

（1）明确财务分析的目的，例如，是进行战略分析还是会计分析。

（2）制订分析计划。

（3）搜集并整理财务分析的相关资料。

（4）确定财务分析的方法。

（5）计算相关的财务比率。

（6）进行比较分析、因素分析和趋势分析。

（7）对财务报表做出综合分析和评价。

（8）进行财务预测和价值评估。

（9）撰写财务分析报告。

三、财务分析的基本方法

1. 比较分析法

比较分析法按比较数据不同可以分为绝对数比较和相对数比较；按比较标准不同可以分为本企业实际与历史同期或最好水平比较，企业实际与国内外先进水平比较，本企业实际与专业评价机构参考标准比较和本企业实际与预算数额、既定目标比较；按比较方法不同可以分为横向比较和纵向比较。

2. 比率分析法

比率分析法即根据各种财务比率来分析，包括反映企业偿债能力的比率、反映企业营运能力的比率、反映企业盈利能力的比率和反映企业发展能力的比率。

3. 因素分析法

（1）连环替代法。假设企业的计划指标为 F_0，它由三个子因素共同影响，分别是 a_0、b_0、c_0，关系式为 $F_0 = a_0 \cdot b_0 \cdot c_0$。现企业的实际指标为 F_1，且 $F_1 = a_1 \cdot b_1 \cdot c_1$。现需要分析 F_1 与 F_0 之间的差额（即 $F_1 - F_0$）到底受 A、B、C 三个因素的哪个影响，影响程度如何，就可以采用连环替代法。

具体来说：

$$F_0 = a_0 \cdot b_0 \cdot c_0$$

$$F_1 = a_1 \cdot b_1 \cdot c_1$$

第一步，进行第一次替换，用 a_1 替换因素 a_0，且保持 b_0 和 c_0 不变，此时，

$$F_2 = a_1 \cdot b_0 \cdot c_0$$

则因素 a_1 对于计划指标和实际指标（$F_1 - F_0$）差额的影响为 $F_2 - F_0$；

第二步，进行第二次替换，用 b_1 替换因素 b_0，此时由于因素 A 已经实现替换，为了不让其对结果造成干扰，所以保持 a_1 不变，同时因素 c 保持基数不变，此时，

$$F_3 = a_1 \cdot b_1 \cdot c_0$$

则因素 b_1 对于计划指标和实际指标差额的影响为 $F_3 - F_2$；

第三步，进行第三次替换，用 c_1 替换因素 C_0，且保持在第一步和第二步中已被替换的 a_1 和 b_1 不变，此时，

$$F_1 = a_1 \cdot b_1 \cdot c_1$$

则因素 c_1 对于计划指标和实际指标的影响为 $F_1 - F_3$。

至此完成全部的替代。

将 A、B、C 三个因素影响程度相加，即 $(F_2 - F_0) + (F_3 - F_2) + (F_1 - F_3) = F_1 - F_0$，即是实际指标与计划指标的差额，由此可见，分析结果与分析对象（$F_1 - F_0$）相符合。

（2）差额分析法。在连环替代法中，A、B、C 三个因素变动的影响程度分别为

$$F_2 - F_0 = a_1 \cdot b_0 \cdot c_0 - a_0 \cdot b_0 \cdot c_0$$

$$F_3 - F_2 = a_1 \cdot b_1 \cdot c_0 - a_1 \cdot b_0 \cdot c_0$$

$$F_1 - F_3 = a_1 \cdot b_1 \cdot c_1 - a_1 \cdot b_1 \cdot c_0$$

将其化简后可得

A 因素的影响：$(a_1 - a_0) \cdot b_0 \cdot c_0$

B 因素的影响：$a_1 \cdot (b_1 - b_0) \cdot c_0$

C 因素的影响：$a_1 \cdot b_1 \cdot (c_1 - c_0)$

4. 趋势分析法

（1）定基动态比率分析。定基动态比率分析是指将某指标在某一时期的数额固定为基期数额，从而计算出一系列动态比率的分析方法。

定基动态比率的计算公式为

$$\frac{\text{分析期数额}-\text{固定基期数额}}{\text{固定基期数额}}\times 100\%$$

（2）环比动态比率分析。环比动态比率分析是指将某指标在某一分析期的前期数额固定为基期数额，从而计算出一系列动态比率的分析方法。

环比动态比率的计算公式为

$$\frac{\text{分析期数额}-\text{前期数额}}{\text{前期数额}}\times 100\%$$

四、财务分析的基本指标

1. 偿债能力分析

偿债能力是指企业对各种到期债务进行清偿的承受能力和保证程度，具体可以分为短期偿债能力和长期偿债能力。

（1）短期偿债能力。企业短期偿债能力的大小主要取决于流动资产的数量和质量以及流动资产与流动负债的比率关系等，其中流动资产的质量主要指的是其变现的能力。衡量短期偿债能力的指标主要有流动比率、速动比率和现金比率。

①流动比率。流动比率是指企业的流动资产与流动负债之间的比率关系，反映的是每 1 元的流动负债可以有多少流动资产来偿还。其计算公式为

$$\text{流动比率}=\frac{\text{流动资产}}{\text{流动负债}}$$

运用流动比率时，必须注意以下几个问题：虽然流动比率越高，企业偿还短期债务的流动资产保证程度越强，但这并不等于说企业已有足够的现金或存款用来偿债；不同的报表使用者，对流动比率的要求可能不同。

②速动比率。速动资产是指流动资产减去变现能力较差的存货（一旦存货不能满足市场需求，比如存货出现积压、毁损、过时等，存货变现周期将势必延长）、预付账款、一年内到期的非流动资产和其他流动资产等之后的余额。相较于流动比率而言，速动比率能更准确、可靠地评价企业资产的流动性和偿还流动负债的能力。其计算公式为

$$\text{速动比率}=\frac{\text{速动资产}}{\text{流动负债}}$$

③现金比率。现金比率又称为即付比率，是指企业现金及现金等价物（货币资金和交易性金融资产）与流动负债的比例关系。其计算公式为

$$\text{现金比率}=\frac{\text{现金类资产}}{\text{流动负债}}$$

$$\text{现金类资产}=\text{货币资金}+\text{交易性金融资产}$$

（2）长期偿债能力。长期偿债能力是企业偿还非流动负债的能力。非流动负债主要指偿还期在 1 年以上，或者超过 1 年的一个营业周期以上的负债。

①资产负债率。资产负债率是全部负债总额（流动负债+非流动负债）除以全部资产总额的百分比，也称为债务比率。其计算公式为

$$资产负债率=\frac{负债总额}{资产总额}\times 100\%$$

一般来说，资产负债率在40%～60%时较为妥当，当资产负债率超过70%时，说明企业已有较重的债务负担，此时应引起管理者的重视。

②产权比率。产权比率是负债总额和所有者权益总额的比率，是企业财务结构稳定与否的重要标志。它一方面表明了所有者权益对债权人权益的保障程度；另一方面反映了企业借款经营的程度。其计算公式为

$$产权比率=\frac{负债总额}{所有者权益总额}\times 100\%$$

一般情况下，产权比率越小，企业长期偿债能力越强，债权人权益被保障的程度也越强，但同时也意味着企业没有充分发挥财务杠杆的效应，影响企业的获利能力。

③权益乘数。权益乘数是资产总额与股东权益总额的比率，反映了资产总额是股东权益总额的倍数。其计算公式为

$$权益乘数=\frac{资产总额}{所有者权益总额}\times 100\%$$

权益乘数与产权比率存在如下关系：

$$权益乘数=1+产权比率$$

因此权益乘数与产权比率存在正向关系。产权比率越大，权益乘数越大，企业长期偿债能力越弱；反之，企业长期偿债能力越强。

④利息保障倍数。利息保障倍数是企业一定时期的息税前利润与利息费用的比率。它一方面反映了企业的获利能力；另一方面反映了企业获利能力对债务利息支付的保障程度，利息保障倍数越高，企业的偿债能力越强。这里的利息主要指借款利息、债权利息等。其计算公式为

$$利息保障倍数=\frac{息税前利润}{利息费用}$$

$$息税前利润=利润总额+利息费用$$

一般情况下，国际上通常认为该指标为3时比较恰当，从长期来看，利息保障倍数至少应当高于1。

2. 营运能力分析

企业营运能力又称为资产管理能力，是指企业充分利用现有资源创造社会财富的能力，是评价企业资产利用程度和营运活力的标志。

（1）应收账款周转率。应收账款周转率是指企业在一定时期的赊销净额与应收账款平均余额之间的比率，反映的是本年度应收账款转为现金的次数。其计算公式为

$$应收账款周转率（周转次数）=\frac{营业收入}{应收账款平均余额}$$

$$应收账款平均余额=\frac{应收账款余额年初数+应收账款余额年末数}{2}$$

$$应收账款期（周转天数）=\frac{360}{应收账款周转率}$$

应收账款周转率是评价企业应收账款变现能力和管理效率的财务比率。应收账款周转率高，说明企业组织回收应收账款的速度快，造成坏账损失的风险比较小，资产流动性高，短期偿债能力强；应收账款周转率低，说明企业组织收回应收账款的速度慢、时间长，坏账损失风险大，资产流动性较差，短期偿债能力较弱。

（2）存货周转率。存货周转率是企业一定时期内销售成本与同期的存货平均余额之间的比率，该比率也是衡量企业生产经营各环节中存货运营效率的一个综合性指标。其计算公式为

$$存货周转率（周转次数）=\frac{营业成本}{存货平均余额}$$

$$存货平均余额=\frac{期初存货余额+期末存货余额}{2}$$

$$存货周转期（周转天数）=\frac{360}{存货周转率}$$

存货周转率从变现的角度反映了企业的销售能力以及存货适量的程度，存货周转次数越多，说明存货变现速度越快，存货积压的可能性越小；存货周转次数越少，反映企业存货变现速度越慢，说明企业销售能力弱，存货积压，营运资金压在存货上的量比较大。

（3）流动资产周转率。流动资产周转率是企业一定时期营业收入与流动资产平均占用额之间的比率关系，是反映流动资产周转速度和营运能力的指标。其计算公式为

$$流动资产周转率（周转次数）=\frac{营业收入}{流动资产平均余额}$$

$$流动资产平均余额=\frac{期初流动资产余额+期末流动资产余额}{2}$$

$$流动资产周转期（周转天数）=\frac{360}{流动资产周转率}$$

（4）总资产周转率。总资产周转率是企业一定时期的销售收入对总资产平均余额的比率。总资产周转率是综合评价企业全部资产经营质量和利用效率的重要指标，综合反映了企业整体资产的营运能力。其计算公式为

$$总资产周转率（周转次数）=\frac{销售收入}{总资产平均余额}$$

$$总资产平均余额=\frac{期初总资产余额+期末总资产余额}{2}$$

$$总资产周转期（周转天数）=\frac{360}{总资产周转率}$$

一般来说，总资产周转率越高，周转次数越多，周转一次所需天数越少，表明其周转速度越快，营运能力越强；总资产周转率越低，周转次数越少，周转一次所需天数越多，表明其周转速度越慢，营运能力越弱。

3. 盈利能力分析

盈利能力是指企业控制成本、获取利润的能力，反映了企业的经营绩效，是企业偿债能力和营运能力的综合体现。

（1）销售毛利率。销售毛利是指企业的销售收入与销售成本的差，直接反映销售收入与支出的关系。销售毛利率的计算公式为

$$销售毛利率=\frac{销售毛利}{销售收入净额}\times 100\%$$
$$=\frac{销售收入净额-销售成本}{销售收入净额}\times 100\%$$

销售毛利率越大，说明在销售收入净额中销售成本所占比重越小，企业通过销售获取利润的能力越强。

（2）销售净利率。销售净利率是企业净利润与销售收入净额的比率。其计算公式如下：

$$销售净利率=\frac{净利润}{销售收入净额}\times 100\%$$

销售净利率说明了企业净利润占销售收入的比例，它可以评价企业通过销售赚取利润的能力。该比率越高，企业通过扩大销售获取收益的能力越强。

（3）成本费用利润率。成本费用利润率是指企业一定时期利润总额与成本费用总额的比率。其计算公式为

$$成本费用利润率=\frac{利润总额}{成本费用总额}\times 100\%$$

$$成本费用总额=营业成本+税金及附加+销售费用+管理费用+财务费用$$

该指标越大，说明企业为取得利润付出的代价越小，成本费用控制得越好，获利能力越强。

（4）总资产报酬率。总资产报酬率也称为总资产息税前利润率，是息税前利润与平均资产总额之比。该指标反映全部资产的收益率。其计算公式为

$$总资产报酬率=\frac{息税前利润}{平均资产总额}\times 100\%$$

$$平均资产总额=（期初资产总额+期末资产总额）/2$$

$$息税前利润=利润总额+利息费用$$

该比率反映了企业利用全部经济资源的盈利能力。企业的总资产报酬率越高，表明其资产管理效率越好，企业的财务管理水平越高，企业整体资产的投资报酬也越好。

（5）净资产收益率。净资产收益率是企业净利润与其平均净资产总额之间的比值，反映股东投入的资金所获得的收益率。其计算公式为

$$净资产收益率=\frac{净利润}{平均净资产总额}\times 100\%$$

$$平均净资产总额=（期初净资产+期末净资产）/2$$

净资产收益率是评价所有者投入资产获取报酬水平的最具综合性和代表性的指标。该指标越高，说明股东投入的资金获得报酬的能力越强；反之则越弱。

4. 发展能力分析

发展能力是企业在生存的基础上，扩大规模、壮大实力的潜在能力。在分析企业发展能力时，主要考察以下指标：

（1）销售（营业）增长率。销售（营业）增长率是指企业本年销售收入增长额同上年销售收入总额的比率。它反映企业营业收入的增减变动情况，是评价企业成长状况和发展能力的重要指标。其计算公式为

$$销售（营业）增长率=\frac{本年销售收入增长额}{上年销售收入总额}\times 100\%$$

$$本年销售收入增长额 = 本年销售收入总额 - 上年销售收入总额$$

该指标是衡量企业经营状况和市场占有能力、预测企业经营业务发展趋势的重要标志，也是企业扩张增量和存量资本的重要前提。

(2) 三年销售（营业）收入平均增长率。三年销售（营业）收入平均增长率表明的是企业销售（营业）收入连续三年增长情况，体现企业的发展潜力。其计算公式为

$$三年销售（营业）收入平均增长率 = \left(\sqrt[3]{\frac{年末销售收入总额}{三年前年末销售收入总额}} - 1\right) \times 100\%$$

该指标能够反映销售收入的增长趋势和稳定程度，能较好地体现企业的发展状况和发展能力，避免了因少数年份收入不正常增长而对企业发展潜力的错误判断。

(3) 资本积累率。资本积累率是指企业本年所有者权益增长额同年初所有者权益的比率，它可以反映企业当年资本的积累能力，是评价企业发展潜力的重要指标。其计算公式为

$$资本积累率 = \frac{本年所有者权益增长额}{年初所有者权益} \times 100\%$$

该指标反映了企业所有者权益在当年的变动水平，体现了企业资本的积累情况，是企业发展强盛的标志，也是企业扩大再生产的源泉，展示了企业的发展活力。

(4) 总资产增长率。总资产增长率是企业本年总资产增长额同年初资产总额的比率，它可以衡量企业本期资产规模的增长情况，评价企业经营规模在总量上的扩张程度。其计算公式为

$$总资产增长率 = \frac{本年总资产增长额}{年初资产总额} \times 100\%$$

该指标是从企业资产总量扩张方面衡量企业的发展能力，表明企业规模增长水平对企业发展后劲的影响。该指标越高，表明企业一个经营周期内资产经营规模扩张的速度越快。

五、财务综合分析

1. 财务综合分析的含义及特点

财务综合分析是将有关财务指标按其内在联系结合起来，系统、全面、综合地对企业的财务状况和经营成果进行剖析、解释和评价，说明企业整体财务状况和经营成果的优劣。

2. 财务综合分析的方法

每一个财务分析指标都是从某一特定的角度对企业财务状况以及经营成果进行分析，它们都不足以全面评价企业的总体财务状况及经营成果，而杜邦财务分析体系可以弥补这一不足。

杜邦分析法又称为杜邦分析体系，是利用几种主要的财务比率之间的关系来综合地分析企业财务状况的一种分析方法。具体来说，它是一种用来评价公司盈利能力和股东权益回报水平，从财务角度评价企业绩效的经典方法。其基本思想是将企业净资产收益率逐级分解为多项财务比率的乘积，深入分析比较企业经营业绩。

杜邦分析法中的几种主要财务指标的关系为

$$净资产收益率 = 资产净利率 \times 权益乘数$$

其中

$$资产净利率 = 销售净利率 \times 总资产周转率$$

以上净资产收益率公式又可以表示为

$$净资产收益率 = 销售净利率 \times 总资产周转率 \times 权益乘数$$

以上财务指标的关系也可以用图 11-2 表示。

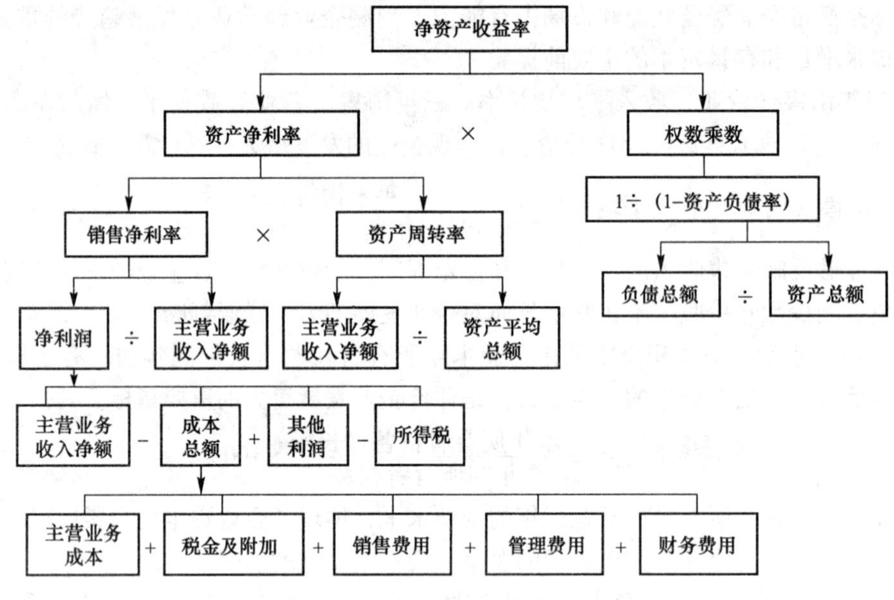

图 11-2　杜邦分析法主要指标的关系

第二节　职业判断能力训练

一、填空题

1. 财务分析的对象主要有资产负债表、损益表、现金流量表和________。

2. 反映企业短期偿债能力的指标有流动比率、速动比率和________。

3. 当存在多因素对分析指标产生影响时，先假定其他各因素保持不变，顺次逐个替代影响因素，从而确定各因素变化对指标变动所产生影响的方法叫________。

4. 环比动态比率分析是指将某指标在某一分析期的________固定为基期数额，从而计算出一系列动态比率的分析方法。

5. 依照西方企业的长期经验，一般认为速动比率的下限为 1∶1，当流动比率为________时比较适当，它表明企业财务状况稳定可靠。

6. ________是评价所有者投入资产获取报酬水平的最具综合性和代表性的指标。该指标越高，说明股东投入的资金获得报酬的能力越强；反之则越弱。

7. 杜邦分析法经过分解之后，其中________表示企业的负债程度，反映公司利用财务杠杆进行经营活动的程度。

8. 杜邦分析法是一个综合指标，以________为主线，将企业在某一时期的销售成果以及资产营运状况全面联系在一起，层层分解、逐步深入，构成一个完整的分析体系。

二、单项选择题

1. 说明企业财务状况或经营成果变动趋势的方法是(　　)。

A. 趋势分析法　　　　B. 横向比较法

C. 连环替代法　　　　D. 比率分析法

2. 下列各项中属于效率比率的是(　　)。
   A. 资产负债率　　B. 速动比率
   C. 成本利润率　　D. 流动资产占总资产的比率
3. 某公司的资产负债率较高，则下列说法正确的是(　　)。
   A. 说明该公司的财务风险大　　B. 不能充分发挥财务杠杆作用
   C. 说明该公司的经营风险大　　D. 说明该公司盈利能力较强
4. 影响速动比率可信性的重要因素是(　　)。
   A. 货币资金的多少　　B. 存货的多少
   C. 应收账款的多少　　D. 应收账款的变现能力
5. 甲公司 2016 年年末资产总额为 8 000 万元，产权比率为 4，则资产负债率为(　　)。
   A. 70%　　B. 80%　　C. 60%　　D. 50%
6. 各项资产的周转指标用于衡量企业运用资产赚取收入的能力，经常和反映(　　)的指标结合在一起使用，可全面评价企业的盈利能力。
   A. 偿债能力　　B. 盈利能力　　C. 营运能力　　D. 变现能力
7. 某企业准备进行短期偿债能力分析，通过计算，发现流动比率和速动比率都较高，而且相差不大，但是现金比率偏低。这说明该企业短期偿债能力还是有一定风险，为了避免该风险，下列可以采用的措施是(　　)。
   A. 延长应收账款周转期　　B. 降低存货周转率
   C. 提高应收账款周转率　　D. 提高存货周转率
8. 下列说法不正确的是(　　)。
   A. 权益资本大于债务资本比较好
   B. 从股东角度来看，在通货膨胀加剧时期，企业多借债可以把损失和风险转嫁给债权人
   C. 在经济繁荣时期，多借债可以获得额外的利润
   D. 在经济萎缩时期，少借债可以减少利息负担和财务风险
9. 某企业 2016 年年末的所有者权益总额为 8 000 万元，2015 年年末的所有者权益总额为 5 000 万元，2014 年年末的所有者权益总额为 4 500 万元，则 2016 年该企业的三年资本平均增长率为(　　)。
   A. 16. 96%　　B. 18. 69%　　C. 21. 14%　　D. 23. 34%
10. 关于利息保障倍数的说法错误的是(　　)。
   A. 利息保障倍数不仅反映了获利能力，而且反映了获利能力对偿还到期债务的保证程度
   B. 利息保障倍数等于税前利润与利息费用的比率
   C. 利息保障倍数是衡量企业长期偿债能力的指标
   D. 在进行利息保障倍数指标的同行业比较分析时，从稳健的角度出发应以本企业该指标最低的年度数据作为分析数据
11. 关于因素分析法，下列说法不正确的是(　　)。
   A. 在使用因素分析法时要注意因素替代的顺序性
   B. 使用因素分析法分析某一因素对分析指标的影响时，假定其他因素都不变
   C. 因素分析法中的连环替代法和差额分析法有可能会得出不一致的结论
   D. 因素分析法的计算结果可能是不准确的

12. 在计算速动比率时，要从流动资产中扣除存货部分，其原因是(　　)。
A. 存货的数量难以确定　　B. 存货的变现能力最低
C. 存货的价值变化大　　D. 存货的质量难以保证
13. 某企业本期资产负债率为 45%，则(　　)。
A. 该企业有较好的偿债能力　　B. 该企业已资不抵债
C. 不能说明什么问题　　D. 该企业短期偿债能力绝对有保障
14. 不影响净资产收益率的指标包括(　　)。
A. 总资产周转率　B. 主营业务净利率　C. 资产负债率　D. 流动比率
15. (　　)指标是一个综合性最强的财务比率，也是杜邦财务分析体系的核心。
A. 销售利润率　B. 资产周转率　C. 权益乘数　D. 股东权益净利率

三、多项选择题

1. 财务分析指标的局限性包括(　　)。
A. 财务指标的计算口径不一致　　B. 财务指标的比较基础不统一
C. 财务指标所反映的情况具有相对性　　D. 财务指标的评价标准不统一
2. 存货周转率提高，意味着企业(　　)。
A. 流动比率提高　　B. 现金比率提高
C. 短期偿债能力提高　　D. 存货管理水平提高
3. 财务分析对不同的信息使用者具有不同的意义，财务分析的意义包括(　　)。
A. 可以判断企业的财务实力
B. 可以评价和考核企业的经营业绩，揭示财务活动存在的问题
C. 可以挖掘企业潜力，寻求提高企业经营管理水平和经济效益的途径
D. 可以评价企业的发展趋势
4. 运用因素分析法进行分析时，应注意的问题有(　　)。
A. 因素分解的关联性　　B. 因素替代的顺序性
C. 顺序替代的连环性　　D. 计算结果的准确性
5. 在计算速动资产时需要在流动资产中减掉(　　)。
A. 存货　B. 应付账款　C. 存货周转率　D. 应收账款周转率
6. 下列有关反映企业状况的财务指标表述中，正确的有(　　)。
A. 利息保障倍数提高，说明企业支付债务利息的能力降低
B. 应收账款周转率提高，说明企业可能信用销售严格
C. 净资产收益率越高，说明企业所有者权益的获利能力越弱
D. 净资产收益率越高，说明企业所有者权益的获利能力越强
7. 在其他条件不变的情况下，会引起总资产周转率指标上升的经济业务有(　　)。
A. 用银行存款偿还负债　　B. 用现金购置一项固定资产
C. 借入一笔短期借款　　D. 用银行存款支付一年的电费
8. 下列各项中属于效率比率的有(　　)。
A. 资产周转率　B. 销售毛利率　C. 总资产报酬率　D. 流动比率
9. 关于产权比率与资产负债率，下列说法正确的是(　　)。
A. 两个比率对评价偿债能力的作用基本相同

B. 资产负债率侧重于揭示财务结构的稳健程度
C. 产权比率侧重于分析债务偿付安全性的物资保障程度
D. 产权比率侧重于揭示自有资金对偿债风险的承受能力

10. 某企业准备采用比较分析法分析企业财务状况、经营成果中的差异与问题，采用过程中应注意的问题有(　　)。
A. 用于对比的各个时期的指标，其计算口径必须保持一致
B. 应剔除偶发性项目的影响
C. 应运用例外原则对某项有显著变动的指标做重点分析
D. 衡量标准的科学性

11. 下列公式中正确的有(　　)。
A. 营业利润率 = 营业利润/营业收入　　B. 权益乘数 = 1/（1 - 产权比率）
C. 营业净利率 = 净利润/营业收入　　D. 营业利润率 = 利润总额/营业收入

12. 净资产收益率可以综合反映企业的(　　)。
A. 盈利能力　　B. 短期偿债能力　　C. 长期偿债能力　　D. 营运能力

13. 某公司当年经营利润很多，却不能偿还当年债务，为查清原因，应检查的财务比率有(　　)。
A. 利息保障倍数　B. 流动比率　　C. 存货周转率　　D. 应收账款周转率

14. 下列各项中，与净资产收益率密切相关的有(　　)。
A. 销售净利率　　B. 总资产周转率　　C. 总资产增长率　　D. 权益乘数

15. 由杜邦分析法可知，提高净资产收益率的途径有(　　)。
A. 加强负债管理，提高资产负债率　　B. 增强资产流动性，提高流动比率
C. 加强销售管理，提高销售利润率　　D. 加强资产管理，提高资产利润率

四、判断题

1. 在财务分析中，通过对比两期或连续数期财务报告中的相同指标，确定其增减变动的方向、数额和幅度，来说明企业财务状况或经营成果变动趋势的方法称为比较分析法。（　　）

2. 计算利息保障倍数时，其中的“利息费用”既包括当期计入财务费用中的利息费用，也包括计入固定资产成本的资本化利息。（　　）

3. 用于评价企业获利能力的总资产报酬率指标中的“报酬”是指净利润。（　　）

4. 计算应收账款周转次数时，分母中的“应收账款平均余额”是指应收账款和应收票据的平均，是未扣除坏账准备的平均余额。（　　）

5. 权益乘数的高低取决于企业的资本结构，负债比率越高，权益乘数越低，财务风险越大。（　　）

6. 流动资产周转率反映流动资产的周转速度，周转速度快，会相对节约流动资产，等于相对减少资产投入，增强企业盈利能力。（　　）

7. 如果速动比率低于1，则说明短期偿债能力偏低。（　　）

8. 一般情况下，营业周期、流动资产中的应收账款和存货的周转速度是影响流动比率的主要因素。（　　）

五、思考题

1. 面对不同的报表使用者，财务分析的作用是否一样？

2. 反映公司的长期偿债能力的指标有哪些？它们之间有什么关系和区别？

3. 对一家企业来说，是营运能力更重要还是盈利能力更重要？

4. 反映企业发展能力的指标有哪些？它们各自有什么特点？

5. 杜邦分析法的逻辑原理和体系是怎样的？如何通过该方法对企业进行报表的综合分析？

第三节　职业能力基础训练

1. 甲公司的流动资产由速动资产和存货组成，年末流动资产为 60 万元，年末流动比率为 2，年末速动比率为 1，则年末存货余额为多少万元？

2. 甲公司 2016 年的销售收入为 6 000 万元，年初应收账款余额为 200 万元，年末应收账款为 800 万元，坏账准备按应收账款余额的 8% 计提。每年按 360 天计算，则该公司的应收账款周转天数为多少天？

3. 甲公司 2016 年年初资产总额为 500 万元，年末资产总额为 700 万元，当年的净利润为 60 万元，所得税税额为 12 万元，计入财务费用的利息支出为 5 万元，则该公司 2016 年的总资产报酬率为多少？

4. 甲企业 2016 年年初所有者权益总额为 3 500 万元，年末所有者权益总额为 6 000 万元，本年没有影响所有者权益的客观因素，则该企业的资本积累率为多少？

5. 某公司年初负债总额为 800 万元（流动负债 220 万元，非流动负债 580 万元），年末负债总额为 1 060 万元（流动负债 300 万元，非流动负债 760 万元）。年初资产总额为 1 790 万元，年末资产总额为 2 200 万元，则权益乘数（平均数）为多少？

6. 某企业 2017 年年末的销售收入总额为 600 万元，2016 年年末的销售收入总额为 500 万元，2015 年年末的销售收入总额为 450 万元，则 2017 年该企业的三年销售收入平均增长率为多少？

7. 某企业销售收入为 500 万元，现销收入占销售收入的比重为 80%，赊销中销售折让和折扣共计 10 万元，假设无销售退回，应收账款平均余额为 10 万元，则该企业的应收账款周转率为多少？

8. 某企业有息负债中只有一项长期借款，总额为 200 万元，年利率 10%，2016 年净利润为 75 万元，所得税税率 25%，求该企业的利息保障倍数。

9. 某公司销售收入为 700 万元，销售成本为 500 万元，流动资产为 400 万元，固定资产为 600 万元，假设没有其他资产，存货平均余额为 200 万元，则存货周转天数是多少？

10. 某股份有限公司资产负债率当年为 40%，平均资产总额为 2 000 万元，利润总额为 300 万元，所得税为 87 万元，则该公司当年的净资产收益率为多少？

第四节　职业能力拓展训练

［**实训一**］

［实训目的］

（1）掌握各种资产周转率的计算；

（2）了解总资产周转率的分解；

（3）会利用差额分析法判断哪个因素的变化对总资产周转率影响最大。

［实训资料］

某企业2015年营业收入净额为4 000万元，流动资产平均余额为900万元，固定资产平均余额为700万元，全部资产由流动资产和固定资产两部分组成；2016年营业收入净额为4 800万元，流动资产平均余额为1 300万元，固定资产平均余额为750万元。

［完成任务］

（1）计算2015年与2016年的全部资产周转率（次）、流动资产周转率（次）和资产结构（流动资产占全部资产的百分比）；

（2）运用差额分析法计算流动资产周转率与资产结构变动对全部资产周转率的影响。

［**实训二**］

［实训目的］

（1）能够根据资产负债表数据计算各类财务指标；

（2）综合运用杜邦分析法求解净资产收益率；

（3）利用因素分析法层层分解，找出影响净资产收益率最大的因素。

［实训资料］

甲公司资料如下：

资料一（表11-1）：

表11-1　甲公司资产负债表

2016年12月31日　　　　单位：万元

资产	年初	年末	负债及所有者权益	年初	年末
货币资金	120	100	流动负债合计	530	450
应收账款	150	200	非流动负债合计	400	520
存货	230	360	负债合计	930	970
流动资产合计	500	660	所有者权益合计	870	1 020
非流动资产合计	1 300	1 330			
资产合计	1 800	1 990	负债及所有者权益合计	1 800	1 990

资料二：

甲公司2015年度销售净利率为17%，总资产周转率为0.5次，权益乘数为2.07，净资产收益率为17.60%，甲公司2016年度销售收入为1 040万元，净利润为226.8万元。

［完成任务］

（1）计算2016年年末速动比率、资产负债率和权益乘数；

（2）计算2016年总资产周转率、销售净利率和净资产收益率；

（3）利用因素分析法分析销售净利率、总资产周转率和权益乘数变动对净资产收益率的影响。

［**实训三**］

［实训目的］

（1）根据报表计算各类型财务指标。

（2）能够通过与同行业相同指标平均数做横向比较，分析企业经营可能存在的问题。

［实训资料］

某公司2016年度资产负债表的主要资料如表11-2所示。

表11-2　某公司2016年度资产负债表　　单位：万元

资产		负债和所有者权益	
现金	310	应付账款	516
应收账款（年初1 156）	1 344	应付票据	336
存货（年初700）	966	其他流动资产	468
固定资产（年初1 170）	1 170	长期负债	1 026
		实收资本	1 444
资产总额（年初3 790）	3 790	负债及所有者权益	3 790

2016年利润表的有关资料如下：销售收入6 430 000元，销售成本5 570 000元，毛利860 000元，管理费用580 000元，利息费用98 000元，利润总额182 000元，所得税72 000元，净利润110 000元。

［完成任务］

（1）计算该公司的部分财务指标，填入表11-3。

表11-3　某公司2016年度部分财务指标

指标名称	本公司	行业平均数
流动比率		1.98
资产负债率		62%
利息保障倍数		3.8
存货周转率		6次
应收账款周转天数		35天
固定资产周转率		13次
总资产周转率		3次
销售利润率		1.30%
总资产报酬率		3.40%
净资产收益率		8.30%

（2）与行业平均财务比率比较，说明该公司可能存在的问题。

［实训四］

［实训目的］

（1）练习企业营运能力指标计算。

（2）练习企业短期偿债能力指标计算。

［实训资料］

甲公司2016年度赊销收入净额为2 000万元，销售成本为1 600万元，年初、年末应收账款分别为100万元和400万元；年初、年末存货余额分别为200万元和600万元。该公司年末现金为560万元，流动负债为800万元。假定该公司流动资产由速动资产和存货组成，速动资产由应收账款和现金类资产组成，一年按360天计算。

［完成任务］

（1）2016 年应收账款周转天数。

（2）2016 年存货周转天数。

（3）2016 年年末速动比率。

（4）2016 年年末流动比率。

第五节　参考答案

职业判断能力训练答案

一、填空题

1. 所有者权益变动表。
2. 现金比率。
3. 连环替代法。
4. 前期数额。
5. 2∶1。
6. 净资产收益率。
7. 权益乘数。
8. 权益净利率。

二、单项选择题

1. A	2. C	3. A	4. D	5. B
6. B	7. C	8. A	9. C	10. B
11. C	12. B	13. A	14. D	15. D

三、多项选择题

1. BCD	2. CD	3. ABCD	4. ABC	5. ACD
6. BD	7. AD	8. BC	9. AD	10. ABC
11. AC	12. ACD	13. BCD	14. ABD	15. ACD

四、判断题

1. ×	2. √	3. ×	4. √	5. ×
6. ×	7. ×	8. √		

五、思考题

1. 企业财务报表使用者一般包括如下几种：

（1）股权投资人：为决定是否投资，也为考察经营者业绩，需要分析企业的盈利能力、竞争能力和破产风险等。

（2）债权人：为决定是否给企业贷款，需要分析贷款的报酬和风险，而风险则取决于企业的短期偿债能力和长期偿债能力，这要求债权人通过报表等资料分析企业的资产流动情况、盈利状况和资本结构。

（3）企业经营者：为改善经营状况，经营者对报表的分析应当是综合的、多方面的，总体来说，是及时发现生产经营中存在的问题和不足，并采取有效措施及时解决这些问题，以保证企业盈利能力持续增长。

（4）供应商：为决定采用何种信用政策，需要分析企业的短期偿债能力和营运能力，同时为决定是否需要建立长期合作关系，需要分析企业的长期盈利能力和偿债能力。

（5）客户：为决定是否建立长期合作关系，需要分析企业的经营风险和破产风险。

（6）政府：为了给宏观决策提供可靠信息，也为了对企业进行有效监督，同样需要进行财务分析。

（7）注册会计师、审计师等第三方监督评估机构：为了减少审计风险，合理保证报表数字的真实性、可靠性，需要分析财务数据的异常变动，评估企业的财务风险。

因此，不同的报表使用人需要通过分析财务报表及相关信息研究其所反映的企业经济现实，根据自身需要制定各种特定决策，财务报表分析的作用自然也就不同。

2. 长期偿债能力是企业偿还非流动负债的能力，其评价指标主要有资产负债率、产权比率、权益乘数和利息保障倍数等。

资产负债率是全部负债总额（流动负债 + 非流动负债）除以全部资产总额的百分比，也称为债务比率；产权比率是负债总额和所有者权益的比率，是企业财务结构稳定与否的重要标志，一方面表明了所有者权益对债权人权益的保障程度，另一方面反映了企业借款经营的程度；权益乘数是资产总额与股东权益总额的比率，反映了资产总额是股东权益总额的倍数；利息保障倍数是企业一定时期的息税前利润与利息费用的比率，一方面反映了企业的获利能力，另一方面反映了企业获利能力对债务利息支付的保障程度。

前三个指标是反指标，指标越大，长期偿债能力越弱；指标越小，长期偿债能力越强。最后一个指标是正指标，指标越大，长期偿债能力越强；反之，长期偿债能力越弱。其中，产权比率与资产负债率对评价偿债能力的作用基本相同，两者的主要区别是：资产负债率侧重于分析债务偿付安全性的物质保障程度，产权比率则侧重于揭示财务结构的稳健程度以及自有资金对偿债风险的承受能力。权益乘数与产权比率存在正向关系，其关系式是：权益乘数 = 1 + 产权比率。

3. 大部分人都会认为利润率更重要，而忽视了周转率。但其实利润率高不一定能赚钱，周转率才更重要。视同生命般重要的核心问题应该是：如何将东西卖得更快？因为每周转一次，才能达到企业经营的根本目的——赚钱。周转得越快，赚的钱才越多。例如，一件产品的售价为 100 元，利润率为 5%，一年周转一次挣 5 元，周转 10 次就挣 50 元；同样条件下，如果周转一次想要挣 50 元，利润率需要达到 50%，对企业来说将利润率大幅提高难度比较大，因为一般企业利润提升的空间比较有限。因此，企业应该思考的问题是，充分榨取利润的前提下，如何提高企业周转率。

4. 发展能力是企业在生存的基础上，扩大规模、壮大实力的潜在能力。在分析企业发展能力时，主要考察以下指标：

（1）销售增长率。销售增长率是指企业本年销售收入增长额同上年销售收入总额的比率。该指标是衡量企业经营状况和市场占有能力、预测企业经营业务发展趋势的重要标志。销售增长率若大于 0，表示企业本年的销售收入有所增长，指标值越高，表明增长速度越快，企业市场前景越好；若指标小于 0，表示企业或产品适销不对路、质次价高，或是在售后服务等方面存在问题，产品销售不出去，市场份额萎缩。

（2）三年销售收入平均增长率。三年销售收入平均增长率表明的是企业销售收入连续三年增长情况，体现企业的发展潜力。该指标能够反映销售收入的增长趋势和稳定程度，能较好地体现企业的发展状况和发展能力，避免了因少数年份收入不正常增长而对企业发展潜力的错误判断。

（3）资本积累率。资本积累率是指企业本年所有者权益增长额同年初所有者权益的比率，它可以反映企业当年资本的积累能力，是评价企业发展潜力的重要指标。

（4）总资产增长率。总资产增长率是企业本年总资产增长额同年初资产总额的比率，它可以衡量企业本期资产规模的增长情况，评价企业经营规模在总量上的扩张程度。指标越高，表明企业一个经营周期内资产经营规模扩张的速度越快。但实际操作时应注意资产规模扩张的质与量的关系以及企业的后续发展能力，避免资产盲目扩张。

5. 杜邦分析法是利用几种主要的财务比率之间的关系来综合地分析企业财务状况的一种分析方法。具体来说，它是一种用来评价公司盈利能力和股东权益回报水平，从财务角度评价企业绩效的经典方法。其基本思想是将企业净资产收益率逐级分解为多项财务比率的乘积，深入分析比较企业经营业绩。

杜邦分析法操作步骤简而言之，是从权益报酬率开始，根据会计资料（主要是资产负债表和利润表）逐步分解计算各指标（比如资产净利率、权益乘数、总资产周转率等）；将计算出的各个指标填入杜邦分析图后，逐步进行前后期对比分析，也可以进一步进行企业间的横向对比分析，最终得出结论。其中，净资产收益率是整个分析系统的起点和核心。该指标的高低反映了投资者的净资产获利能力的大小，它是由销售净利率、总资产周转率和权益乘数决定的。权益乘数表明企业的负债程度，该指标越大，企业的负债程度越高。总资产收益率是销售利润率和总资产周转率的乘积，是企业销售成果和资产运营的综合反映，要提高总资产收益率，必须增加销售收入，降低资金占用额。总资产周转率反映了企业资产实现销售收入的综合能力。

职业能力基础训练答案

1. 流动比率为 2，流动资产为 60 万元，根据流动比率 = 流动资产/流动负债，得出流动负债等于 30 万元；

由于速动比率为 1，根据速动比率 = 速动资产/流动负债，得出速动资产为 30 万元。同时，由题意，流动资产由速动资产和存货构成，因此存货为 30 万元。

2. 应收账款周转次数 = 6 000/［（200 + 800）/2］= 12（次）

应收账款周转天数 = 360/12 = 30（天）

3. 该公司的息税前利润 = 60 + 12 + 5 = 77（万元）

资产平均余额 =（500 + 700）/2 = 600（万元）

总资产报酬率 = 息税前利润/资产平均余额 = 77/600 = 12.83%

4. 资本积累率 =（本年所有者权益的增长额/年初所有者权益）×100%

= ［（6 000 − 3 500）/3 500］×100% = 71.43%

5. 资产负债率 = ［（800 + 1 060）÷2］/［（1 790 + 2 200）÷2］= 46.62%

权益乘数 = 资产/所有者权益 = 资产/（资产 − 负债）= 1/（1 − 资产负债率）

= 1/（1 − 46.62%）= 1.87

6. 三年销售收入平均增长率 $= \left(\sqrt[3]{\frac{\text{年末销售收入总额}}{\text{三年前年末销售收入总额}}} - 1\right) \times 100\%$

$$=\left(\sqrt[3]{\frac{600}{450}}-1\right)\times 100\% = 10.06\%$$

7. 应收账款平均余额不应当包含销售折让和折扣。
   应收账款周转率 = （500×20% −10）/10 = 9（次）
8. 该企业利息费用 = 200×10% = 20（万元）
   税前利润 = 75÷（1−25%） = 100（万元）
   息税前利润 = 100 + 20 = 120（万元）
   利息保障倍数 = 120÷20 = 6
9. 存货周转率 = 销售成本/存货平均余额 = 500/200 = 2.5（次）
   存货周转天数 = 360/2.5 = 144（天）
10. 净收益 = 利润总额 − 所得税 = 300 − 87 = 213（万元）
    平均净资产 = 平均资产总额×（1 − 资产负债率）
    = 2 000×（1 −40%） = 1 200（万元）
    净资产收益率 = 213/1 200×100% = 17.75%

职业能力拓展训练答案

［**实训一**］

（1）2015 年全部资产周转率 = 销售收入/（流动资产平均余额 + 固定资产平均余额）
= 4 000/（900 + 700） = 2.5（次）
2015 年流动资产周转率 = 销售收入/流动资产平均余额 = 4 000/900 = 4.44（次）
2015 年流动资产占全部资产百分比 = 900/1 600×100% = 56.25%
2016 年全部资产周转率 = 4 800/（1 300 + 750） = 2.34（次）
2016 年流动资产周转率 = 4 800/1 300 = 3.69（次）
2016 年流动资产占全部资产百分比 = 1 300/2 050 = 63.41%

（2）全部资产周转率总变动 = 2.34 − 2.5 = −0.16（次）
2015 年全部资产周转率 = 流动资产周转率×流动资产占全部资产百分比
= 4.44×56.25% = 2.5（次）
其中流动资产周转率降低对全部资产周转率的影响 = （3.69 − 4.44）×56.25%
= −0.42（次）
资产结构变动对全部资产周转率的影响 = 3.69×（63.41% − 56.25%）
= 0.26（次）

由于流动资产比重增加导致总资产周转率提高 0.26 次，但是由于流动资产周转率降低使总资产周转率降低 0.42 次，两者共同影响使总资产周转率降低 0.16 次。

［**实训二**］

（1）速动比率 = （660 − 360）/450 = 0.67
资产负债率 = 970/1 990 = 0.49
权益乘数 = 1/（1 − 0.49） = 1.96

（2）总资产周转率 = 1 040/［（1 800 + 1 990）/2］ = 0.55（次）
销售净利率 = 226.8/1 040 = 21.81%

净资产收益率 =21.81% ×0.55 ×1.96 =23.51%

（3）分析：本期净资产收益率 - 上期净资产收益率 =23.51% -17.60% =5.91%

①上期数：17% ×0.5 ×2.07 =17.60%

②替代销售净利率：21.81% ×0.5 ×2.07 =22.57%

③替代总资产周转率：21.81% ×0.55 ×2.07 =24.83%

④替代权益乘数：21.81% ×0.55 ×1.96 =23.51%

销售净利率升高的影响 =② - ① =22.57% -17.60% =4.97%

总资产周转率加快的影响 =③ - ② =24.38% -22.57% =2.26%

权益乘数变动的影响 =④ - ③ =23.51% -24.83% = -1.32%

各因素影响合计数 =4.97% +2.26% -1.32% =5.91%

［**实训三**］

（1）该公司的财务指标（表11-4）。

表11-4　某公司2016年度部分财务指标

指标名称	本公司	行业平均数
流动比率	1.98	1.98
资产负债率	61.9%	62%
利息保障倍数	2.86	3.8
存货周转率	6.69次	6次
应收账款周转天数	70天	35天
固定资产周转率	5.50次	13次
总资产周转率	1.70次	3次
销售利润率	1.71%	1.30%
总资产报酬率	2.90%	3.40%
净资产收益率	7.62%	8.30%

（2）该公司可能存在的问题有：一是应收账款管理不善；二是固定资产投资偏大；三是销售额较低。利息保障倍数低的原因不是负债过大，而是盈利较低，盈利低的原因不是销售利润低，而是销售额小；应收账款周转天数长，说明应收账款管理不善；固定资产周转率低，可能是销售额低或固定资产投资额偏大。

［**实训四**］

（1）计算2016年应收账款周转天数：

应收账款周转次数 =2 000/［（100 +400）÷2］=8（次）

应收账款周转天数 =360/8 =45（天）

（2）计算2016年存货周转天数：

存货周转次数 =1 600/［（200 +600）÷2］=4（次）

存货周转天数 =360 ÷4 =90（天）

（3）计算2016年年末速动比率：

速动比率 =（400 +560）÷800 =1.2

（4）计算2016年年末流动比率：

流动比率 =（400 +600 +560）/800 =1.95

参考文献

[1] 彭亚黎．企业财务管理实训［M］．武汉：武汉大学出版社，2012.
[2] 中国注册会计师协会．财务成本管理［M］．北京：中国财政经济出版社，2015.
[3] 马元兴．财务管理［M］．北京：中国人民大学出版社，2013.
[4] 袁建国，周丽媛．财务管理［M］．5 版．大连：东北财经大学出版社，2014.
[5] 靳磊．财务管理基础［M］．2 版．北京：高等教育出版社，2010.
[6] 财政部会计资格评价中心．财务管理［M］．北京：中国财政经济出版社，2016.
[7] 王希旗，王红珠．财务管理（含实训与案例）［M］．北京：科学出版社，2008.